Interview in English

トミー植松の
成功する英語面接

玉川大学出版部

はじめに

　国際語としての英語の必要性はますます高まりつつある．日本でも，文明文化導入の手段としての英語の時代は終わり，諸外国と政治，経済において渡り合うべき武器としての英語を必要とする時代になった．教養としての英語，アクセサリーとしての英語ではなく，読み，書き，聞き，話せるという4機能を目的とした，いわゆる使える英語が求められている．

　それぞれの企業においても，大手，中小とその規模を問わず，実用英語を必要としている．今まで英語が必要などと夢にも考えていなかった組織や団体でさえ，実用英語ができる人を求めるようになった．入社後，社員に特訓を受けさせて現場に送る方針を持つ会社といえども，入社時にその力を見るべきテストを行ない，素質のある人を選ぶようになった．英語による面接試験である．

　日本語の面接がよいからといって，英語の面接もうまく行くとは限らない．もちろんその逆も真である．しかし，せっかく持っている内容が，英語だから十分に発揮できないとなると，こんな遺憾なことはない．いや，むしろ英語だから，日本語で言えないようなことまではっきり言えるはずでなければならない．英語というのは，そういった性格の言語である．

　筆者がかつて新聞記者をやっていた頃，当時航空関係のニュースも担当していたことから，外国の航空会社の幹部に親しい人が多かった．記者と教師という二足のわらじをはいていた筆者が，ある英

語専修学校で教えていた女子学生は，東京のR大学の4年生であったが，ある外国の航空会社の客室乗務員の試験を受けることになった．第1次の筆記試験は無事パスし，2次試験の面接は，本国からやって来た本社の重役の1人が，直接担当することになった．

　面接に残った25名の受験者のうち，3名を採用ということになっていたが，筆者を含む多くの人が，容姿端麗，成績も優秀な彼女がその3人の中に入ると信じていた．その会社の広報担当部長とは，筆者も昵懇(じっこん)の仲で，彼からもその本社重役に口添えさえあった．

　然るにである．彼女は面接試験にパスしなかった．奇想天外な結果に驚いた筆者は，後日その広報部長に直接，重役からその原因を聞いてもらってわかったことはこうである．その女性は確かに筆記試験は上位の上であったが，面接の時，不必要に笑ったこと，また自分に自信のない態度であったことが，致命的だったということだ．にこやかな女性の微笑や謙遜な態度は，日本の会社であれば大いにかわれる美点であろう．しかし，欧米人と日本人とでは，笑いを感じる物事が違い，自分達がおかしくないところで笑う日本人を不思議に思う．また「自分は何もできないから，入社してから一生懸命勉強させてもらいます」とか，「お金は問題ではない，給料はいくらでも結構です」という発言は，立派な応対とは受け取れない．日本にしばらく住んでいる間に，日本人のこの美徳を学ぶ外国人も多いが，件(くだん)の重役は，これが初めての来日，日本のことなど知らず，初めての日本人との対話であった．

　「郷に入れば郷に従え」という諺がある通り，相手が日本流の考

え方を知らなければ，こちらが相手をわからせる方法で接すればいいのである．英語は具体的な表現であり，自分を強く売り込む言語である．できることははっきりできると言い，理由を聞かれたら，これはこうなって，こうなると，はっきり答えるのが英語の会話である．本文で扱った英文は決して和文英訳ではなく，むしろ，日本語にこだわらない意訳に近い．そして英語として，無理のない，自然な英文になるよう努めた．特に，IV 個人面接・質問とその答え方（基礎編）の例文では同じ内容のことを話すにしても，英語と日本語ではどのように語順が違い，また文の長さもどのように異なってくるかという例を示したいと思った．日本語では抽象的な言い方ですんでしまう場合でも，英語では具体的に，しかも時としては，尾ひれまで付け加える必要があるということも強調した．

　英語を使う職場，またすぐには仕事に直接関係がなくとも，面接は英語で行なう企業を受験する人達が，その心構えの準備として，少しでもお役に立てればと考えて構成したのがこの本である．学校をこれから卒業される方，また転職される方，あるいは遠く海外に羽ばたいて，外国で就職をしようという方達に，参考となれば筆者の幸いとするところである．

　本書の誕生にあたって，校正の労をおとりいただいた白鷗大学助教授 Jeffrey C. Miller 氏，また細心のお心遣いをいただいた玉川大学出版部の諸氏に深くお礼を申し上げたい．

2003 年 6 月

トミー植松

目次

はじめに	3

I 面接試験の心得

1　自分を分析,整理する	12
2　適性を知る	13
3　職業,会社についての知識	16
4　服装,態度,応答のしかた	19

II 必ず聞かれる質問とその答え方

1　求人を知った方法を聞かれた時	30
2　資格を聞かれた時	31
3　動機を聞かれた時	33
4　転職の理由を聞かれた時	35
5　面接委員の言ったことを聞き直す時	37
6　自分から質問をしたい時	38
7　「いつまで働けるか」と聞かれた時	39
8　連絡方法を聞かれた時	41

III 諸注意および履歴書等の書き方

1　部屋の入りかた,出かた	46

2	「おかけ下さい」と言われるまでは座るな	47
3	答えはていねいに	48
4	答えは具体的に	49
5	相槌の打ち方	50
6	間違いやすい表現	53
7	履歴書の書き方	56
8	推薦状	64
9	紹介状	67
10	就職申し込み状	69

IV 個人面接・質問とその答え方（基礎編）

1	自己紹介のしかた（Introductions）	72
2	履歴（Personal History）	74
3	身上（About Yourself）	80
4	性格（長所，短所）（Character）	86
5	生活信条（Life Patterns）	90
6	志望動機（Ambitions and Aspirations）	92
7	職業観（Views on Work）	96
8	入社後の希望（Aspirations after Entering the Company）	98
9	他社の受験の有無（Applications to Other Companies）	100
10	会社に関する質問（Questions about the Company）	104
11	趣味（Interests and Hobbies）	108
12	特許，資格，免許（Special Qualifications）	112

13	人生観 (Personal Outlook)	114
14	学生生活 (Student Life)	118
15	交友関係 (Friendships)	124
16	尊敬する人物 (People You Respect)	126
17	好きな本, 作家 (Books and Authors You Like)	128
18	一般常識 (General Knowledge)	132
19	時事問題 (Current Topics)	134
20	専攻科目, 卒業論文 (Major Subjects, Graduation Thesis)	138
21	クラブ活動, サークル活動 (Club and Group Activities)	142
22	学業成績 (Grades)	146
23	アルバイト (Part-Time Jobs)	148

V 個人面接・質問とその答え方（応用編1）

1	(女性) 客室乗務員 (Flight Attendant)	152
2	顧客係 (Customer Service Agent)	158
3	電話交換手 (Telephone Operator)	166
4	アナウンサー (Announcer)	174
5	貿易会社 (Trading Company)	182
6	英字新聞記者 (Journalist on an English Language Newspaper)	190
7	事務員 (Clerk)	198

8　秘書―外資系企業
　　（Secretary in a Foreign Financial Company）　　206
9　外資系ステノグラファー
　　（Stenographer in a Foreign Company）　　212
10　外資系銀行員（Foreign Bank Staff Member）　　220

VI　個人面接・質問とその答え方（応用編2）

1　（男性）客室乗務員（Flight Attendant）　　228
2　ガイド（Guide）　　236
3　ツアー・コンダクター（Tour Conductor）　　242
4　通訳（Interpreter）　　248
5　国際会議オーガナイザー
　　（International Conference Organizer）　　254
6　ファッション関係の会社の見習生
　　（Intern for International Fashion Company）　　262
7　大使館職員（Embassy Staff Member）　　270
8　航空機製作会社（Aircraft Producing Company）　　278
9　外資系マーケット調査会社
　　（Foreign Marketing Company）　　286
10　コンピューター技術者
　　（Engineer in a Computer Company）　　292

装画・青木昌三
装丁・清水良洋

Ⅰ　面接試験の心得

1 自分を分析，整理する

　面接試験では，受験者本人に関する質問が多いのは当然である．「あなたの長所，短所は，どのような点だと思いますか」ときかれて，「自分でもよくわかりません」ではあまりに頼りない．また，謙譲の美徳を発揮して「私は欠点ばかりの人間です」などと答えていては，英語を母国語とする試験官なら，そんな人を採用したいとは思わないだろう．自分の良い点，才能はどんどん積極的に売り込むのが欧米式であるから，特に外資系の会社を受験する場合，この点をよくわきまえて，自分の長所，短所はきちんと整理しておく必要がある．

　と言っても，自分を客観的につかむということは決してやさしいことではないから，前もって性格検査などを受けておくのも参考になるだろう．まさに「己れを知り，敵を知れば百戦危うからず」というところである．

　一般に，第三者に頼らず，自分で自分の性格を整理する際，悲観的な態度で欠点や短所ばかりを数え上げていては，自信を失い，将来の可能性もどんどん狭くなっていくばかりである．人間誰しも長所もあれば，必ず短所も持っているもので，しかもそれらは絶対的なものではない．自分の長所，強味だと思っていた面が，ある時には意外にも弱点に変わってしまったり，また弱点だ，弱点だと思っていたものが，思わぬ時に強味に転じることもある．自分の持つ特質，性質は，決して決めつけないことである．冷静に，客観的に自

分を見つめ，長所，短所に関係なく，1つの特質として，自分の持っている性格を紙に書き出してみる．次に，その資料に基づいて自分を分析し，長所はどういった時に一番の強味になったか，短所はいかなる場合に短所でしかなかったか，それを長所に変える方法はないものか，を自分に合ったやり方で考えていくと，意外な面を発見できるものである．自分はこれしかできないんだ，と思い込んでいた人も，こうすればできるという可能性が広がってくるはずである．自分の欠点は欠点なりに，それをいかにカバーし，長所に変えるよう努力しているか，という建設的な態度こそ必要であろう．

また，無事入社試験にパスし，その会社で外国人と一緒に仕事をする場合，心しておくべき点は，自分をきちんと主張できる人間となることである．意見を持たない人間は無能と見なされる．たとえまちがっていても，「私はこう思う」という考えを出すこと．そこで初めて相手からも認められ，組織の歯車の1つとなり得るのである．

2 適性を知る

人にもそれぞれ個人差があるように，仕事も，その種類によって性格が異なる．自分がどの職業に向いているかを知り，自分に合った仕事につけるということは，その人の能力を最大限に発揮でき，本人にとっても，会社にとっても大いにプラスになる．

適性を知る1つの目安は，その仕事に興味がもてるかどうか，好

きか嫌いかということでも計ることができる．が，ただ単に興味のあるなしで適性を決めることには問題がある．いやなことや，苦しいことが多いはずの職場で，好きという感情だけで仕事をしては，結果は必ず失敗に終わる．したがって，好きだという感情より，まず大切なことは，その職務をこなしていく素質，能力が備わっているか否か，ということになろう．ある人は，数学はからきしだめだが，文学のことならまかせておけ，とか，またある人は，企画は得意だが，サービスの方はどうも苦手だ，というように，向き不向きがあるはずである．自分の得意とするもの，ある程度の技術，能力を備えている職業を選ぶことが大切である．

では，この能力とは何か．小さい頃から現在まで，いろいろなことに興味を持ち，関心を抱いてきたものの中に，必ず1つ，2つ，決して変わらず持ち続けてきた関心事があろう．それが，その人の素質，眠っている能力である．学校を卒業するまでに身につけた知識や技術では不充分であっても，将来その能力を伸ばしていける，技術を高めていけるだけの素質を持っている人間こそ，会社側の求める人材である．

こうして自分の進みたい方向，職業が定まったら，次は，自然にどの会社に目標をおくかが決まってくるであろう．アタックする会社が決定すれば，あとは迷わず前進するのみ．しっかりとした理由，決意があるから，どうしてこの会社に入りたいか，この職業を選んだ理由は何かといった質問にも，熱意を持ってきっぱりと答えられるはずである．

日本の専修学校や大学卒業予定者は，職業や職種より，会社を先

I　面接試験の心得　15

に選ぶ傾向にあるが，このように職場よりも，まず職業を選択する心構えを持つことである．面接試験で「なぜこの会社に入りたいか」と聞くと，皆，判で押したような答えが返ってくると，試験官が口を揃えて言う．少しでも掘り下げた質問をすると，返事に窮してしまう人も少なくないということである．それは，はっきりとした目標がないから，自分の選択に自信が持てず，結局無難な答えを面接試験の手引きに求めることになるからである．面接試験の本は，大いに読んで参考にしていただきたいが，あくまでも資料としてであって，その応用形を自分なりにまとめておかれることをおすすめしたい．

　ごまかしではなく，正直に，はきはきとした受け答えができるよう，日頃からどんな方面に進めば自分を生かせるか，自分は何ができるかを考え，自己をみがき，整理しておくことが大切だ．

　なお，英語を必要とする外資系企業を希望する際，最低限度，次のような点に注意していただきたい．

(1) 英語が好きかどうか．

　　毎日，外国語の中で生活をするのだから，英語が嫌いな人，弱い人は近づかない方が身のためである．

(2) 外国人に使われることに耐えられるか．

　　外資系では，マネージャーズは外国人であることの方が多い．ボスが外人であることに違和感を感じはしないだろうか．

(3) 年功序列式を望んではいないか．

　　外資系では，日本のように年功序列ということはない．実力第一主義，年が若くても能力さえあれば，どんどん昇進も可能で

ある．ただし，MBA (Master of Business Administration：経営学修士号) 以上を持っていない限り，管理職は望めない．実力主義を嫌う人は，この分野ではかなりの抵抗を覚悟しなければならない．

3 職業，会社についての知識

　面接試験に臨んで，試験官から「客室乗務員には，約6ヵ月の訓練期間がありますが，あなたはそれに耐える自信がありますか」と聞かれ，びっくりした顔で「え，そんなに長い訓練があるんですか」と，逆に試験官に質問した人がいるそうである．これは少し極端な例であろうが，大なり小なり，こういった受験者の準備不足を丸出しにする愚問も少なくないとのことである．入社後でないとわからないような配属場所，細かい仕事の内容などは知らなくて当たり前だが，たとえば，上で述べたような訓練期間とか，どういった方面の仕事をするのか，またそれにはどのような知識，技術が必要とされるかなど，その職業についてのごく一般の，常識程度のことは，あらかじめその方面の参考書を読むなりして，頭に入れておいた方がよい．

　また，ツアー・コンダクターなど，観光に従事する職業の場合には，通貨あるいは各国の首都や観光地についての知識などは，当然持っていなければならないだろう．たいていの入社試験では，その職業につく場合に必要とされる常識的な問題が出されることが多い

から，筆記試験勉強の上でも大切な目安になるし，面接の方でも，ある程度の概略がわかっていれば，質問の内容も予想できるはずである．また，自宅から会社までの所要時間も必ずはかっておくこと．

　会社に関しては，就職ガイドなどで研究し，またその会社に勤めている知人，先輩，就職指導の先生に尋ねるなどして，できるだけ多くの情報を集め，総合的にその会社を判断することが大切である．最初にどんな会社を選んだかということがその後の人生に大きく影響してくるだけに，会社選びには特に十分な準備と研究が欠かせない．

　その会社の将来性，安定性，事業内容，雰囲気などを考え合わせ，入社後1年にして倒産などということがないように，その業界，企業の情報には耳を傾けるべきである．

　具体的には，次のような点を特に注意して判断すればよいだろう．
(1) 事業内容（何を生産，販売しているか，また取引先の種類，会社の特色など）
(2) 会社の規模（年間売上高，生産量，従業員数，資本金など，ここ数年の推移も追ってみる）
(3) 業界の将来性（5年，10年先はどうなるか，また将来，どういった経営計画を立てているか）
(4) 業界における地位（主要製品のマーケット・シェアはどのようになっているか）
(5) 経営方針，社風（後にも述べてあるが，日本の企業とは異なる点が多い．方針，社風が自分に合っているかどうかは重要なポイントである）

(6) 経営管理者(会社の上に立つ管理者の人柄,考え方はどうであろうか)

(7) 労働条件(給与水準,採用条件,勤務地,その他労働時間,休日など)

(8) 人事等の最終決定権は日本にあるのか,それとも本国の親会社にあるのか.

(9) 本国 pay roll と日本 pay roll 扱いのものと2種類あるから,自分は本国採用になるのか,日本支社採用なのかを最初に確認しておくこと.

　また,これは外資系企業一般について言えることだが,特に米国に親会社を持つ会社では,社内での身分差が厳しいということだ.実力主義のアメリカの組織社会に身分の区別はないなどと思っていてはとんでもないことになる.それは先に述べた MBA(経営学修士号)を取っているかいないかによって,歴然とした区別がなされており,アメリカの企業,特に大,中企業では,経営管理者やスペシャリスト・スタッフと,一般従業員との間には,はっきりとした身分の差があることを知っておかなければならない.

　それと同時に,本国ではトップにランクされている会社でも,日本支社となると,従業員の数は多くて600人,少ないと4～5人というのが普通である.したがって,日本の大手企業に比べると,外資系の会社は中,小企業に位置するという事実も忘れてはならない.となると,考え方,習慣,文化の異なる外国人の多い外資系では,人間関係を円滑にするためにも,なおさらその会社の情報,特にト

ップの経営者の人柄などは調べておきたいものである．

4 服装，態度，応答のしかた

a 服　　装

人間の感情は，第一印象で大きく左右されるから，特に面接では，相手に好ましい印象を与えた方が勝ちだ．したがって，服装は地味すぎてもいけないが，逆にあまりに流行を追いすぎた派手なシャツ，ネクタイは避けた方がよい．自分に似合った，若者らしい，清潔感を与える服装が好ましい．

また，女性の場合，過度な化粧をしてはいないか気をつける．

男女いずれも，Yシャツ，ブラウス，スーツ，靴下，靴など，新調する必要はないが，手入れのゆきとどいた清潔なものを着用していくよう心掛けよう．

服装のチェックポイント

髪	・極端なヘアダイをしていないか ・奇異な髪型は避ける
ヒ　ゲ	・きちんとそってあるか
ツ　メ	・爪あかはたまっていないか ・のびていないか
Yシャツ (ブラウス)	・えり，そで口は汚れていないか
ズ ボ ン	・ヨレヨレではないか 　アイロンを当て，ピチッと折り目をつけておく
靴	・泥はついていないか 　黒の短靴が望ましい

b　態　度

　何よりも礼儀をわきまえることが大切である．その会社に足を踏み入れた時点から，もう採点が始まっていると思うことだ．しかし，礼儀というものは，寝て起きたら身についているというものではないから，日頃から心掛けておくべきであろう．

　礼儀はまず家族同士の間から，挨拶はきちんと，はっきりと言う習慣をつけること．また，Thank you very much., Pardon., Excuse me., I'm sorry. といった言葉が素直に口から出てくるよう，他人への感謝，思いやりを忘れてはいけない．こういった挨拶は言わなければ言わないですんでしまうものだけに，これらを怠ると，自分でも気付かないうちに自然な挨拶ができなくなってしまう．戸の開け閉め，椅子のすわり方にしても同じことが言える．面接が日本語ではないからとは言え，その心構え，習慣は目に見えないポイントだ．ぎこちない態度から，「礼儀を知らない人だ」と思われないよう，くれぐれも注意が必要だ．

　控え室でも，まだ面接試験前だからと気を抜かないこと．いつ，どこで，誰が見ているかわからないから，常に背筋を伸ばし，きちっとした態度を取ること．

　ただ，外資系での英語面接は，日本人と違って，相手が外人である場合が多いので，挨拶には頭を下げるおじぎはいらない．もし試験官が挨拶のため，手をさしのべたら，力強く握手をすればいい．日本人の癖で，慣れないと握手とおじぎを両方同時に行なう人がいるが，これは横から見ていると，米つきバッタが手をさし出してい

るようで、こっけいな姿になってしまうから、これは普段から練習しておくとよい．握手は、背筋を伸ばし、お互いの目を見ながら、しっかりと相手の手を握るのがコツ．力がこもっていないと、"dead fish"（死んでぐったりした魚のような手）と言って、相手に不信感を与えてしまうから、要注意．本番に入る前から、不合格にならないよう相手に誠実な印象、信頼感を与えるよう心掛けたい．

また、面接試験の間は、きちっと相手の目を見る．すぐに試験官から目をそらしたり、天井を見たり、自分の手を見たり、落ち着きがないと、自信がない、何かうしろめたいところがあるのではないかと疑われてしまうから、日頃から友達同士でも、お互いに目を見て話をする習慣をつけておこう．

c 応答のしかた

日本人にとって英語会話での Yes., No. の使い方は一番苦手なことの1つであろう．趣味のことで、Don't you like baseball? と聞かれ、Don't you ……? だから Yes. かな No. かな …… "No, I do" あ、違う "Yes, I don't." などと答えていては、好きなものが嫌いになったり、嫌いなものが好きになって、試験官の方が面喰ってしまう．質問の形式にとらわれず、好きだったら Yes, I do.、嫌いなら No, I don't. でよい．

また、質問をよく聞かず、途中で勝手にわかったと思い込み、とうとうと自分の意見を述べるようなことのないよう、相手の質問は最後まできちっと聞くことが、成功の秘訣．的確な答えこそ望ましい．質問がよく聞き取れなかった場合にも、曖昧な返事をせず、聞

き直した方が好感がもてる.

　節度を保ち，最後まであきらめず，礼儀正しく，誠実な受け答えをすることが大切だ.

d　あがらない工夫

　あがらないまじないとしてよく実行されていることは,「虎」という字を手の平に書いて飲み込む仕草を3度すればいいということだが, 面接が英語だから, この「虎」も英語に直して"tiger"と手の平に書いて飲み込んでみてはどうであろうか."tiger"を"tigar"とミス・スペルしたら「いけない, 冷静にならなくては!」と反省の決め手になるだろう.

　とは言っても, やはり人間, どんなおまじないをしても, ここぞという時にはあがってしまうものだろう. 一本勝負の面接であがるなという方が無理である. プロのバレリーナでさえ, 舞台に立つ前はあがると言う. しかし, どんなにあがっていても, 音楽が流れ, 舞台に出れば, 皆, 自然に軽やかに踊れるようになる. ボクシングの選手も, 陸上の選手も, 歌手も, あがるのは誰しも同じだ. が, たとえあがっても, いかに自分を抑え, 持っている実力を出しきるかは, それぞれの日頃の練習にかかっている. 人知れず, 血のにじむような練習をすればこそ, それが自信につながり, 少しぐらいあがっても自分を出しきることができるのである.

　面接試験でも, ある意味で同じことが言える. もちろん猛練習とはいかないが, 面接に臨む前に, 質問されそうな事柄を自分なりにまとめておき, 後はどうしてもこの会社に入りたいんだという, 熱

意と誠意を表わすことである．そして，一番大切なのが，今も述べた「自信」である．クラブ活動の試合でも，発表会でも，自分が満足できるまで練習し，あるいは研究していれば，堂々と自信を持って振る舞えるはずである．この時の結果は，同じことをやるにしても，自信をなくしている時とでは格段の差があるはずだ．また誰にでも経験があるように，学校の試験で，前の日に十分勉強し，もう疑問な点が何もないという時には，試験が楽しみにさえ思えるが，逆にあまり準備をせずに試験を受けた時などは，問題を見た途端，頭にカーッと血がのぼり，結局できる問題も解けずに終わってしまうものである．

普段のこういった経験を本番で生かすために，どういう準備をすれば，自分は自信を持って行動できるかを，もう1度考えてみることである．目の前で質問をしているその試験官も，昔は同じ椅子にすわって，冷や汗をかきながら面接を受けていたかも知れないのである．そして将来，今度はあなたが逆に試験官の立場として，厳しい顔で質問をする可能性もあるわけだ．こんな想像をしていけば，少しは心が落ち着くだろう．

面接試験にまでたどりついたのだから，実力は十分にあるはず．後は，自信を持って，これに臨み，素直にありのままの自分を見てもらうつもりでいれば，少しくらいあがっても何とか切り抜けられるはずである．

e 面接の採点

採用試験は，短い時間に総合的に受験者の人柄を判断し，社会人，

職業人として適当であるかどうかを試す場である．これまでに吸収してきた知識，能力，それに加えて人間性が，公正な目で厳しくチェックされる．いい意味での自己主張，積極性は，社会人として必要な要素であり，また，政治，経済，社会に関する自分の考えを展開できるだけの認識を持つことも重要である．企業が求める理想の人材を一口に言うなれば，バイタリティーがあり，責任感，協調性に富み，魅力ある個性を持っている人ということになるが，これらを更に細かく分析すると，次のようになる．

そこで，目標とする会社ではどんな人材を求めているかを把握して，その対処のしかたを考えることが必要となってくる．

1 **容姿，態度，行動**　他人に好ましい印象を与えるということは，会社の一員として必要な要素である．これは，筆記試験などでは評価できない重要なポイントであり，試験官に与える外見の第一印象によって，採点に大きく影響するのも事実だ．これは，決して美男美女といった単なる姿，型ではなく，落ち着いた，誠実な態度こそ，試験官に好ましい印象を与える要素である．面接試験に臨んでは，応答の際の話し方，礼儀作法，態度，また表情，目の動きに気を配ることが大切だ．キョロキョロと落ち着きのない表情は，試験官に不快な印象を与えるし，またはにかんだ伏し目はいけない．「目」の動きには特に注意すること．

服装は，質素でも，手入れのゆきとどいた清潔なものであれば，それでよい．

2 **表現力**　組織の一員として仕事をする場合，自分の考えを的確に表現できることが要求される．表現が不明瞭では，相手の誤

面接時の判定要因

1	容姿 態度 行動	・服装，表情は好ましい印象を与えるか ・姿勢はよいか ・動作はきびきびしているか ・応答態度はまじめか ・自信を持っているか ・意志は強いか
2	表現力	・自分の考えを正しく，わかりやすく説明できるか ・思っていることを十分に述べることができるか ・話すことに統一性があるか ・表現が簡潔明瞭か ・声は飲み込まず，十分はき出しているか
3	積極性	・積極的に物事にあたるか ・正しいと思うことは進んで行動に移せるか ・若者らしい活気があるか ・困難に遭ってもくじけない強さを持っているか
4	協調性	・協調の精神を持ち合わせているか ・社会人として輪からはずれていないか ・自分が賛成しない意見も最後まで耳を傾けられるか
5	判断力	・こちらの言うことを早く，正しく理解できるか ・適切な判断が下せるか ・決断力はあるか ・的確な返答ができるか
6	誠実性	・責任感があるか ・誠実であるか ・信頼できる人柄であるか

解を招くことにもなりかねない．論旨を一貫して，正しく，わかりやすく伝えることが必要である．自信がなくては，声も小さく，早

口になりがちなので，自信のあることを，落ち着いて話すことが大切だ．声の音量も，部屋の大きさ，人数などを考慮に入れ，一言一言はっきり話すべきである．少しばかり英会話に自信のある人にみられがちな r 音を巻舌にして，鼻にかけ過ぎる発音は避けるよう注意すべきである．

3 積極性　企業によっては，あまり積極性がありすぎる人は敬遠されるところもある．独立分子として，他の社員から遊離し，独断に走る傾向を恐れるからである．しかし，多くの会社では，いい意味での積極性は欠くべからざる資質と見ているようだ．学生生活，入社の動機，入社後の希望などの質問をしながら，学生時代は何に打ち込んだか，どのような動機で入社を希望したか，入社後はどういった仕事に意欲を燃やしたいと望んでいるかという返答から，積極的な人物であるかどうかが判断される．また質問等があれば，はっきり尋ねる方がよい．

4 協調性　全員が右にならえで同じことをしていては，企業として成り立たないが，主張すべき点は主張しながら，仲間同士協力して仕事をしていくことが望まれる．これは，趣味，交友関係，クラブ活動に関する質問から，その人が友人から好感を持たれているか，集団生活が円滑にいっていたかなどを評価する．

5 判断力　入社後，特に責任ある仕事につき，人の上に立って指導していく場合には，当然，判断力，決断力といったものが要求される．試験官は，いろいろな分野の質問をし，それに対して的確な答えが返ってくるかどうかをチェックする．したがって，質問にはよく耳を傾け，最後までしっかりと聞くことが大切である．万

一，質問の意味がよく理解できなかった場合には，はずれた返答をするよりも，遠慮なく聞き直すべきである．

　6　**誠実性**　　無責任な人，信頼できない人には，誰も大切な仕事を頼めないであろう．採用する場合には，やはり仕事を任せられる責任感のある人を雇いたいと思うのは，企業として当然である．試験官は，長所，短所に関する質問などから，受験者が自分の性格をどのように受けとめているか，また短所を積極的に努力し，克服しようとしているかを判断し，素直で，まじめな人物かどうかを知る手がかりとするのである．

II 必ず聞かれる質問とその答え方

1 求人を知った方法を聞かれた時

　ある会社に入社を希望するようになるまでには，人はいろいろ考えるであろう．大企業で安定性があるから，仕事の種類が好きだから，給料がいいから，通勤に便利だから，という理由や，父親のすすめでとか，他社の入社試験に落ちて他になかったからということもあろう．

　学校の就職指導課や，掲示板で知った会社に何となく行ってみたが，意外に気に入ったという例もあれば，長年目標としてきた会社であるのに，会社訪問してみてイメージダウン，行く気をなくしたという学生も少なくない．あげくの果て，英字新聞の求人広告欄を見て履歴書を送ったところ，筆記試験よりも前に責任者からの英語面接を受けなければならないことになり，面喰ってしまうという例もある．備えあれば憂いなしである．面接など，友人との会話だと思えばいい．

　「当社の求人はどのようにして知ったのですか」(How did you hear about the job?) もよく聞かれる質問の1つ．答えは前もって準備しておいた方がいい．

(1) I saw the announcement on the school bulletin board.
　　(学校の掲示板で見ました．)
(2) A friend of mine who's working here told me that your company had an opening.

(こちらの会社の社員である私の友人から欠員があると聞きました.)

(3) Your company had an ad in the paper.

(こちらの会社が新聞に広告を出されましたので.)

(4) The employment consultant of my college recommended me to this office.

(学校の就職世話係りの方からこちらへ推薦していただきました.)

などが, 一般の答えとして使えるものである.

2 資格を聞かれた時

日本人は謙遜の美徳を重んじるが, 外国人はできないことはできないと言うが, その代わりできることはできるとはっきり答えるのが普通である. できることを遠慮して「あまりできません」とは言わない. それどころか, 少ししかできないことでも I can. と言い切る人も少なくない.

したがって, 英語で外国人から面接を受けている時には, 日本式の謙遜は避けた方がよい.

Can you make yourself understood in English without too much difficulty?

(あまり苦労せずに英語でお話ができますか.)

と聞かれた時, 自信があれば,

Yes, I think I am quite fluent in English.

(はい,流暢に話せます.)

と答えればいい.

しかし,あまり自信がない場合でも,I can speak French a little. のように,「少し話せる」と言うべきで,「全然話せない」という全面否定はしない方がよい.

2, 3 その具体例を示すと,

Q: Do you feel quite confident about your knowledge of English grammar?

(英語の文法の知識に関しては自信がおありですか.)

A: Yes, I think I use grammar reasonably well.

(ええ,かなりわかっているつもりです.)

Q: What are your qualifications for being a stenographer?

(あなたはステノグラファーとしての仕事をするためにどのような資格をお持ちですか.)

A: I can type 60 words per minute and I take shorthand at 80 words per minute.

(タイプは1分間に60語,速記ですと80語とれます.)

Q: Can you use an abacus?

(そろばんは使えますか.)

A: Yes, I can use an abacus fairly well.

(ええ,かなり使えます.)

また,係り官から「あなたはこの会社に何を貢献できると思うか」というような具体的な質問をされることもある.

What do you think you would bring to the job?

とか,

How qualified do you think you are?

というのが,その質問の形である.これに対しては,具体的に自信を持って答えねばならない.

I know a lot about how the Japanese economy works, and how business is done in this country. And I'm a hard worker when I have something challenging to do.

(私は日本の経済のからくりや,日本国内でビジネスというものがいかに運営されるかということに関しては詳しいつもりです.しかも,私はやりがいのある仕事には,情熱を傾けて働く人間です.)

などは,答え方のよい1例である.自分を分析し,会社に望まれる人間像を印象づけることが大切である.

3 動機を聞かれた時

日本語,英語に関係なく,入社試験の一部である面接で,必ずといってよいぐらい聞かれるのが,その会社を志望した理由である.面接試験官とても人間,この応答が彼らの最終決定を左右する可能性は大である.ただ口先だけで美辞麗句を並べるのではなく,論理的に,かつまた情熱的に説明し,彼らを納得させねばならない.曖昧な表現,信念のない態度,誠意のない話し方は禁物である.また

必ず聞かれるはずのこの質問は，1度でキャッチすることが望ましい．期待しない並はずれた質問なら I beg your pardon. などと言って，試験官にもう1度言ってもらうことはやぶさかではないが，動機を聞く質問などは聞き落とさない方がよい．その尋ね方に何十種類もの違った形があるわけではないから，2, 3その典型的なものを頭に入れておけばよい．

- What made you decide on this type of occupation?
- Tell me why you are interested in working for this company?
- What made you interested in (engineering)?
- What made you pick this company?
- Why do you want to become a (tour conductor)?

などがその代表的な聞き方である．

これに対して，答える方も，単に好きだからとか，先生や親，あるいは先輩や友人にすすめられたからというだけではなく，会社の方針が気に入っているとか，仕事の内容が魅力的であるとか，学歴より実力を重要視するからだというように，具体的に述べるのがよい．その1例を示すと，

Mr. Yamazaki in the Export Department of your company is from my university. He and I were in the same club together—he was a junior when I was a freshman—and we've kept in touch since then. He told me about his job here and I like the way the company sounded. He told me that a person advances in your company on his own merits, not depending on his age or which university he graduated from.

(こちらの会社の輸出部にいる山崎さんは，私と同じ大学を卒業されました．山崎さんとはクラブが一緒で，私が1年の時，先輩は3年生でした．私達はそれ以来ずっと親しくしています．先輩が，こちらで担当している仕事の内容を話してくれたのですが，その話を聞いてとても気に入りました．こちらの会社では，年齢やどの大学を卒業したかということではなく，能力に応じて昇進できるとも伺いました．)

というものである．こう答えれば，普段からその会社に関心を持ち，情報を得ていたことが，試験官にとっては熱意のある受験者として響くものである．

4　転職の理由を聞かれた時

　現在職場を持っている人が，転職をしてその会社に入社したいと希望している場合は，転職希望の理由を聞かれるのは当然である．また，履歴書の中に過去の職歴がある人も，試験官に前の仕事を辞めた理由を聞かれることを覚悟しておいた方がよい．

　この場合，前の会社のことを悪く言うことは絶対禁物で，また会社から求められた仕事をこなせなかったというような，自分の無能さを披露する必要もない．しかし，試験官を納得させるだけの具体的な説明を考えておくことである．

質問の形式をあげると，大体次のようなものがある．

(1) What made you decide to change jobs?

(どうしてお仕事を変えたいと思われたのですか．)

(2) Did you like the work?

(その仕事はお好きでしたか．)

(3) May I ask you why you left the company?

(その会社をなぜお辞めになったのかお伺いしていいですか．)

以上の質問に対しては，簡潔明瞭に答えることがポイントである．

(1) I would like to get a job in which I can use English.

(英語を使う仕事をしてみたいと思ったからです．)

(2) Yes, some of it I enjoyed very much. But economically it's fairly unstable.

(ええ，楽しくさせていただいた仕事もありましたが，経済的にちょっと不安定なものですから．)

(3) I felt the job was not challenging enough. I did only typing there.

(仕事がやりがいがありませんでした．何しろタイプばかり打っておりましたので．)

I'm afraid I did only menial jobs.

(ほんの雑用ばかりしておりました．)

今までの仕事に比べて，「こちらの会社での仕事は非常に興味がある」(I find the job here very interesting.) とか，「やりがいがある」(I find the job here very challenging.), また「いろいろな人と接することができる」(Through the job here, one can have a chance to meet a lot of interesting people.) などと，その会社での仕事に対する自分の関心の深さを話の中に適当に織り込むようにするとよい．

5　面接委員の言ったことを聞き直す時

試験官の質問が聞きとれず，もう1度繰り返してもらう時は，

 I beg your pardon, sir (ma'am).

が1番手っ取り早い．話がかなり弾んでいて，ちょっとした言葉を1言か2言，聞き損なった時には，

 Pardon, sir (ma'am).

でもよい．いずれの場合も，尻上がりに問いかけるように言うのがコツである．また，わからない時はすぐに聞き直すべきで，質問が終わってしばらく考え込んでから，What?　とか，What did you say?　などと聞くのは禁物である．

単語や発音のみがキャッチできず，聞き直すのではなく，構文がむずかしかったり，質問の内容が汲みとれなくて質問を繰り返してもらわねばならない時には，

 I'm sorry, I couldn't follow you.

とか，

 I'm afraid I didn't understand your question. Would you
 mind repeating it, sir (ma'am)?

と言うべきである．

あるいは単に,次のように言っても同じである.

I didn't quite catch what you said. Would you please say that again, sir (ma'am)?

これらの言い方は,自分でよく発音練習をして,とっさの場合にすぐ口から出るようにしておく方がよい.

6 自分から質問をしたい時

面接の係り官が,一応予定した質問を終えた時,「あなたの方から何かお聞きになりたいことはありますか」という意味で,

Do you have any questions you would like to ask me?

と聞くこともある.こんな時には,仕事に関することなら遠慮しないで聞いてよい.給料,賞与の具体的な金額,有給休暇の期間,転勤の有無などは知っておいた方がいいだろう.質問も How much are the bonuses? (ボーナスはいくらですか) というような直撃型質問ではなく,

May I ask how much the bonuses are?

(ボーナスはおいくらぐらいか,お伺いしてもいいでしょうか.)

のような,婉曲型の方がよい.

海外駐在ということもあり得るかどうかを聞く場合にも,Are there any opportunities to work abroad in the future? (将来外国で働けるチャンスもありますか) ではなく,

Would there be any opportunities to work abroad in the future?

(将来海外勤務という機会もありますでしょうか.)

と聞く方がよい. しかし, 前問に関係のある第2問, 第3問をする場合なら, 簡略形を使って,

How about vacations?

(お休みについてはいかがでしょうか.)

と尋ねてもかまわない.

試験官が「質問があればどうぞ」と言ってくれないが, 聞きたいことがある時は, 頃合いを見計らって, こちらから,

May I ask you something?

(ちょっとお尋ねしていいでしょうか.)

と聞くことは, 差し支えない.

とっさの場合, 手短に質問をさしはさみたい時は,

Sir (Ma'am)?

と1言, 尻上がりに, 少し長めに発音すれば,「あのう, お聞きしたいことが……」の意味になる.

7 「いつまで働けるか」と聞かれた時

日本の社会では, 1つの職業に定着せず, 仕事をよく変える人を警戒する傾向があり, A rolling stone gathers no moss. (ころがる石には苔が生えない) という諺を重要視する傾向が強い. しかし,

外国では特殊な職業を除いては，必ずしも勤務年数が即，社員の資格と同一視されることは少ない．アメリカの中小企業などは，1つの会社から他の会社に引き抜かれ，さらにまた別の会社からスカウトされるのは，その人間に手腕があるからだと解釈される事もあるくらいだ．こういう場合，転職するたびに，さらに忙しく，そして当然ながら地位も報酬も増えるものである．

したがって，アメリカ人なら面接を受けた時，

> How long do you think that we can depend on your working here?
>
> (どのくらいの期間，勤務できるとお考えですか.)

という試験官の質問に，

> If I like the job and I feel I am making progress in the work, I will stay for several years.
>
> (仕事が気に入り，自分でも仕事が覚えられるようになったと思ったら，数年は勤務したいと考えております.)

と答える人も多い．

日本でも女性が結婚した場合，むしろ退社を勧告する会社なら，数年勤務して結婚後は辞めたいという人を歓迎するだろうが，大半は勤め出して，仕事を覚えた頃に辞められると損失だと考える企業の方が多い．そんな時はもちろん「定年まで勤めさせていただきたい」という意志表示をする方がよい．次のように言うのもその1例である．

> I will stay until I reach the age limit (retirement age, mandatory age).

女性の場合,

> You're single now, but what will you do when you get married and want children ?
>
> (今はお1人ですが, 結婚されて子供が欲しいと思われたらどうされますか.)

と聞かれて,「結婚後はもちろん, 子供ができても何とか仕事を続けたい」と言いたい時は, 次のように言うのも一方法である.

> I've thought about that a lot. I know a lot of women take a job, planning to make a career of it, and then they change their mind. So if I do decide I want to have children, in five or six years, I will find some way that I can continue my work, too.
>
> (その点についてはいろいろと考えてみました. 仕事で身を立てたいと思われても, 後で心変わりをする女性の方が大勢いらっしゃいますが, 私は, 5, 6年して, 子供が欲しいと思った時には, 仕事も両立してできるように何とか方法を講じたいと思っております.)

8 連絡方法を聞かれた時

外国で行なわれる就職のための面接では, 面接終了時に合否を聞かされることも珍しくない. そんな時, I was hired on the spot. (即決採用になった) という表現が使われる.

日本国内で行なわれる面接では，大企業の場合，受験者に発表の日時や方法を前もって知らせているので，試験官はほとんどそれを繰り返さないのが普通だが，小規模な組織や新卒募集時期をはずした欠員募集のような時には，試験官が合否を知らせる連絡場所を聞くことがある．

(1) We will let you know within a few days.
   (数日以内に結果をお知らせ致します．)
   How can we get in touch with you ?
   (あなたとの連絡方法は．)
(2) How can I contact you about our decision ?
   (結果はどういう方法でお伝えしましょうか．)
(3) May I call you at your home about our final decision ?
   (最終決定はご自宅にお電話しましょうか．)
(4) Shall we notify you of our decision by mail or by phone ?
   (結果は郵送しましょうか，それともお電話でお知らせしましょうか．)

など，質問の形式は大体決まっている．

これに対して答える時は，

(1) I can be reached at home in the evening. My telephone number is 3742-5055.
   (夜は自宅におります．電話番号は 3742-5055 です．)
(2) You can call me at this number between four and six in the afternoon.
   (午後4時から6時の間ですと，この電話番号のところにおり

ます．）

(3) Yes, please. My phone number is 1230-4567.
   （はい，どうぞお願いします．私の電話番号は1230-4567です．）
(4) By telephone, please.
   （電話でご連絡下さい．）
   By mail, please.
   （郵便でご連絡下さい．）

などと答えればいい．

Ⅲ　諸注意および履歴書等の書き方

1 部屋の入りかた,出かた

　面接はドアを開けた瞬間から始まり,部屋を出てドアを閉めるまで続く.成績の大半は質問に対する答えの内容で決まるとみてよいが,外国人とても企業側の責任者となれば,受験生の歩き方,座り方,話す態度など,すべての応対を,見るとはなく見ているのは当然である.

　ドアの開け閉めは静かにすべきことは常識だが,日本の会社と違う点は,出入りのたびに試験官に向かって最敬礼をする必要はない.面接員が外国人だけの場合は,日本式の礼は一切いらない.もし握手を求められたら,遠慮なく握手をする方がよい.面接員に日本人がいる場合は,軽く会釈をしてもいい.椅子は深く腰をかけ,声は決してひそひそ声ではなく,腹の底から発声するように声をはき出して話すこと.ひそひそ声は,英語で breathlessness と言い,自信のなさ,迫力の欠如,めめしさと解釈される.

　また,間違ったことを言ってしまったと気がついても,日本の男子学生がよくやるように頭をかいたり,また女性特有のくせである舌を出したりするようなことは絶対にいけない.そういう仕草は,外国人にはおどけてみえるどころか,人を馬鹿にしている印象さえ与えるのである.

　面接が終わって立ち上がる前に,

　　I've enjoyed talking with you, sir (ma'am).　Thank you.

あるいは,

　　It has been a pleasure talking with you.

などと1言挨拶することは, 礼儀をわきまえた印象を与える. もし試験官の方から先にそれを言ったら,

　　I've enjoyed talking with you, **too**. Thank **you**.

と太字の個所を強く発音してお礼を返す心掛けが必要である. 試験官とても血の通う人間である. たとえ表面上とは言え, 心の触れ合う挨拶が大切である.

2　「おかけ下さい」と言われるまでは座るな

　日本建築の場合, 畳の客間に通された客は「どうぞおあて下さい」とすすめられて, 初めて座ぶとんの上に腰を下ろすのが作法である. 客間に通されたからと言って, 客自身が勝手にどかどかと部屋の隅へ行って座ぶとんを取ってきて座ると「何と作法を知らない人だろう」と思われてしまう.

　洋間の場合, 椅子が日本間の座ぶとんに当たる. そこにあるからといって, 勝手に座るのは先方に失礼になる. これは何も面接に限ったことではなく, 日常の生活の中でも「どうぞおかけ下さい」と言うのは, 「しばらく話をしていかれて結構です」という意味だから, 椅子があっても座れと言われない時は, 立ち話で用事を済ませ, すぐに退散すべき状況にあると思った方がいい.

　さて, 「おかけ下さい」には次のような, 様々な表現がある.

Sit down, please.

Be seated, please.

Sit down, won't you?

Won't you sit down?

Won't you take a seat?

Have (Take) a seat, please.

Would you like to sit down?

Would you like to be seated?

そう言われたら，Thank you (sir, ma'am). と言いながら椅子に腰を下ろすわけだが，腰は深くかけるのが正しく，椅子半分にかけたり，前かがみや，左右どちらかの肱かけに体重をかけて体を傾けるような恰好はいけない．正しく座ることは，面接のプレリュード（前奏曲）である．

3 答えはていねいに

質問者が，What would you do, if 〜? (もし〜の場合どうされますか) と聞いた場合は，答えは I would (いたします)，あるいは I'd で始まらねばならない．

話がよほど弾んでいる場合は別として，質問に対して答える時には Yes. No. だけで終わるより，Yes, I do. とか No, I'm not. というように，主語と動詞をつけて正しい文にした方がいい．ただし，ちょっとした問いに対する受け答え程度のものは，Yes, sir., No, ma'am. だけでもよい.

「知りません」は，I don't know. だけでは乱暴な言い方になることが多い．言い方によれば「知らないね」とか「知らないよ」にも響く．「存じません」に当たる英語は，

    I'm afraid I don't (know).

か，

    I'm afraid not.

である．

4　答えは具体的に

アメリカ人の中学生に「君のお父さんは金持ちか貧乏か」と聞くと，返ってくる答えは具体的である．My father gets $250 a week. (週収250ドル) とか，My father makes (earns) $15,000 a year. (年収15,000ドル) などと答えることが多い．そういう環境に育ち，そういう言葉を使っている彼らには，何でも具体的に表現しなければピンとこない．

    How is your typing?

    (タイプはどのくらい打てますか.)

という質問には，

    I can type 45 words a minute.

    (1分間に45語打てます.)

とはっきり答えるべきで，かなり上手だとか，あまりうまくないと

いう表現は使わない方がいい.

また,

Would you be able to start working right away?

(すぐにお仕事を始められますか.)

という質問には,

I would be free after the 20th of this month.

(今月の20日以降なら働けます.)

また,

Why did you quit the job? The pay was pretty good, I understand.

(どうしてその仕事を辞められたのですか. お給料はかなりよかったでしょうに.)

という問いには,

I did only chores there. I've always wanted to do some challenging work, regardless of the amount of pay.

(その会社では雑用ばかりやっていました. 私はいつもお給料の良し悪しにかかわらず, 何かやりがいのある仕事をしたいと思っておりました.)

などと答えるのが, よい例である.

5 相槌の打ち方

英会話にはしじゅう使う Um hm という相槌も, 面接員を相手に

使うのは望ましくない．やはり，I see. (そうですか)，Is that so (right)? (そうでしたか)，I understand (that). (そうでございますか)，などが，抵抗のない表現である．しかし，そうだからといって，同じ表現の連発はぎこちない．一般に，無難で推薦できる相槌は，やはり相手の使った主語，動詞の転倒型である．

The company was established in 〜.
(会社は〜年に創立されました．)

　　　　　　　　　　　　　　　…… Oh, was it ?

We are engaged in 〜.
(我々は〜といった仕事に従事しています．)

　　　　　　　　　　　　　　　…… Oh, are you ?

They don't care about it.
(彼らはそのようなことは気にとめません．)

　　　　　　　　　　　　　　　…… Oh, don't they ?

これらの応答の仕方を表にすると，

現在形

I am 〜	Are you ?
He is 〜	Is he ?
She won't 〜	Won't she ?
They will 〜	Will they ?
They aren't 〜	Aren't they ?

過去形

I was 〜	**Were** you ?

She didn't ~	Didn't she?
One of the men knew ~	Did he?
They succeeded ~	Did they?
They weren't ~	Weren't they?

と実に簡単であるが，とっさの場合，口に出てこない人が多い．特に，I was ~. を受けて，Was you ~? などと心ならずも間違った相槌が飛び出すケースも多い．普段からの練習を必要とする．

また試験官が仕事の内容の説明などで，詳しく述べた場合には，興味を示す応答が必要である．

That would be interesting!
（おもしろいですね．）
How exciting.
（すごいですね．）
Marvelous!
（すばらしいですね．）
Unbelievable.
（信じられないようなお話しですね．）
Impossible.
（本当ですか．）
That's encouraging.
（それはいい傾向ですね．）
I believe so.
（きっとそうでしょうね．）
That's only natural.

(ごもっともだと思います.)

That's the way it goes.

(とかくそうなりがちですね.)

など，普段からの練習で，会話の語いを豊富にもっていることは，いざ本番の対話を円滑にするものである.

6　間違いやすい表現

　英語の面接で最も間違いやすいのは，Yes と No の使い分けである．日本語の「はい」が，英語では No，また英語の Yes が，日本語では「いいえ」になるからである．練習に勝る秘訣はないが，心構えとしては，質問の形式にこだわらずに事実が肯定であれば Yes，否定であれば No と思えばよい．最初の質問はおおかたの人が答えられるが，試験官が同じ質問を繰り返した時に，つい油断して No を Yes，また Yes を No という人が非常に多い．

　Do you smoke? と聞かれて，吸わない人が，No, I don't. と答えるまではいいが，試験官が Oh, don't you? (吸わないのですか) と念を押すと，つられて Yes. (いいえ，吸います) と言う人が多い．これは No. (ええ，吸いません) が正しい．You don't smoke, do you? (たばこは吸いませんね) に対する答えも同じ．No である．要は日本語に訳して考えず，英語で受けて英語で答えるのがそのコツである．

　また，文法上注意しなければならないことは，複数の主語を単数

の動詞で受けたり，1つの文の中で，動詞の過去形と現在形を一緒に使わないことである．わかりきったことであるが，いささか興奮気味の面接ではよくあるミスである．

たとえば，「友人のほとんどが英語をうまく話す」というところを，

　　Most of my friends is a good speaker of English.

という人が多い．is では誤り．are に変え，また a を取って speaker に s を足さねばならない．

また，「その年，家族が神戸から大阪に引越して，私は大阪の高校に入りました」というのを，

　　That year we moved from Kobe to Osaka and then I enter
　　a high school there.

と言うのは間違い．enter は entered でなければいけない．

以下，面接で多くの人が心ならずも間違う表現を列記したので参考にしていただきたい．

incorrect	correct
I like listen to the music.	I like to listen to music.
We went to the seashore for swimming.	We went to the beach (to swim).
I recommend you to do it.	I recommend (that) you do it.
I am interesting in reading.	I am interested in reading.
We saw a lot of beautiful sceneries.	We saw a lot of beautiful scenery.
Some people were wounded	Some people were injured

in the traffic accident.	in the traffic accident.
I lost almost my savings.	I lost most of my savings. I almost lost my savings.
I went to shopping.	I went shopping.
I must study more two years.	I must study two more years.
She is a famous singer in the world.	She is a world famous singer.
The both drivers were at fault.	Both drivers were at fault. Both the drivers were at fault.
(How are you?) Thank you.	Fine, thank you.
We discussed about politics.	We discussed politics.
I entered to the school.	I entered the school.
I graduated Sokei College.	I graduated from Sokei College.
I read it on the newspaper.	I read it in the newspaper.
May I question you?	May I ask you a question?
I don't know well.	I don't know exactly.
An earthquake happened in the city.	An earthquake hit the city.
Almost the students passed the examination.	Most of the students passed the examination.
I prefer bread than rice.	I prefer bread to rice.
I need not to go.	I need not go. I don't need to go.

I was grown up in Kyushu.　　　I grew up in Kyushu.

There were many interest-　　There was much interest-
ing news.　　　　　　　　　　ing news.

7　履歴書の書き方

　英語の履歴書は，日本語の履歴書のようにこうでなければならない，といった決められた形式はない．手紙形式になったものや，個条書きのものもある．必要項目も場合によって異なるので，適宜加えてゆけばよい．学校を卒業後，他の職歴があれば，Education の後に Work Experience, あるいは Occupation (普通の職業) か Profession (知能的職業) として挿入すればよい．

　作成にあたっては，なるべくタイプやワープロを使う方がよいが，やむを得ない時には字体をくずしたりせず，読みやすい字で書くこと．用紙は普通のタイプ用紙より少し厚手のものを使い，タイプの行間はシングルスペースで打つのが一般的である．ただし項目ごとに少し空間をあけた方が読みやすい．また日本語の履歴書と同じように，英文でも主語の I は省く．ミス・タイプした時にはその部分だけを訂正するのではなく，新しい紙に改めて打ち直すこと．ミス・スペルがないよう気をつける．

　以下，最も一般的な個条書き形式のものを紹介しよう．

PERSONAL HISTORY (Model 1)

Name :	OHMORI, Emiko
Sex :	Female
Date of Birth :	February 23, 1982
Family Relation[1] :	Only daughter of Shigeo OHMORI
Marital Status :	Unmarried
Permanent Domicile[2] :	4-8 Kodai, Odawara City, Kanagawa Prefecture
Present Address[3] :	7-11-29 Kugayama, Suginami-ku, Tokyo
Telephone :	03 (1234) 8682
Education[4] :	Finished the three-year course at the Kanagawa Prefectural Jonai High School, Odawara City in 1999. Graduated from the Literature Department of Tamayama University in March, 2003.
Awards[5] :	Awarded the fourth Prize in the Intra-University English Oratorical Contest in October, 2001.
References[6] :	Mr. Yori Katayama, editor of Ronbunsha Publishing Co.

I affirm that the above statements are true and correct in every respect.[7]

Tokyo, March 1, 2003.

Emiko Ohmori

Emiko Ohmori

Notes.

　履歴書は，以前はラテン語で curriculme vatae [kəríkjuləm váiti] と書いたが，最近は簡単な personal history や personal record を使う人が多い。アメリカ人は，単に résumé [rèzuméi] と書くこともある．

(1) **Family relation** は「続柄」．戸主なら the head of family, 世帯主は the head of household とすればよい．

(2) **Domicile** は「本籍」．原籍は **Permanent Address** でもよい．

(3) 「現住所」は **Present Address**．

(4) **Education** は School Attended としてもよい．日本語の履歴書では，年代の古いものから書いていくが，英文では新しいものから遡っていく場合もある．大学卒であれば高等学校まで書いて，あとは省略することも多い．

(5) **Awards** は，成績優秀につき表彰されたり，何かの大会やコンクールで優勝したり，入賞したことがあれば，それを記入する個所である．

(6) **References** には，照会人の住所，名前，電話番号，勤務先を記入するのが正式であるが，履歴書を送る段階では，あまり本人の書いた照会先は重要視されないので，たとえば Available on request. (必要があればお知らせします) というように，求められた時にいつでも提出できる旨を1行記しておけばよい．必要に応じて，保証人の推薦状を履歴書と同封して送るのも一法であろう．

(7) 「相違ありません」には，**I affirm** の他に，I swear, I declare も使える．I certify ～ は，自分自身のことを証明する場合には不適当．

履 歴 書（例1）

性	名	大森栄美子
性	別	女
生 年 月 日		昭和58年2月23日
続	柄	大森栄夫の長女
既婚・未婚		未　婚
本	籍	神奈川県小田原市小台 4-8
現 住 所		東京都杉並区久我山 7-11-29
		電話：03（1234）8682
学	歴	平成11年神奈川県立城内高校卒業
		平成15年3月玉山大学文学部卒業
賞		平成13年10月　校内英語弁論大会にて第4位受賞
照 会 先		論文社編集長　片山陽理氏

　　　以上の通り相違ありません
　　　平成15年3月1日　於東京

　　　　　　　　　　　　　　　　　大森栄美子

PERSONAL HISTORY (Model 2)

                                        Yumiko Hirayama

                    Born on the 25th of January in 1987

Permanent Address : 1352, Kitakarasuyama 2-chome, Setagaya-ku, Tokyo

Present Address : 225-2, Minami-Iriso, Sayama City, Saitama Prefecture

Course of Studies

In March, 1996	Finished the Kinuta Lower Secondary School.
In April, 1996	Entered the Upper Secondary School of Ibaraki Christian College.
In March, 1999	Finished the above course.
In April, 1999	Entered the English Language Course of Ibaraki Christian Junior College.
In March, 2001	Finished the above course.
In April, 2001	Entered the Secretary Science Course of the Tulc Business College.
In March, 2003	Finished the above course.

I swear the above statements are true and correct.

April 1st, 2003

                                          Yumiko Hirayama

                                          Yumiko Hirayama

履 歴 書（例 2）

平山弓子

昭和六十二年一月二十五日生

原　籍　東京都世田谷区北烏山2丁目1352番地

現住所　埼玉県狭山市南入曾225の2

　　学　歴

一　平成　八　年三月　　東京都世田谷区砧中学校卒業

一　平成　八　年四月　　茨城キリスト教学園高等学校入学

一　平成十一年三月　　同校卒業

一　平成十一年四月　　茨城キリスト教短期大学英語科入学

一　平成十三年三月　　同校卒業

一　平成十三年四月　　タルク・ビジネス・スクール秘書科入学

一　平成十五年三月　　同校卒業

　　　上記通り相違ありません

　　　平成十五年四月一日

平山弓子㊞

PERSONAL HISTORY (Model 3)

Name :　　　　　　　Tetsuo Ihara

Date of Birth :　　　　July 25, 1977

Permanent Address:	2-208, Higashiyama-cho, Nada-ku, Kobe City, Hyogo Prefecture
Present Address:	2-23-1, Yoyogi, Shibuya-ku, Tokyo
Telephone:	(03) 3456-5066

Education

April 1996-2000:	Kwannan Gakuin University, Hyogo Prefecture.
April 1993-1996:	Kobe Senior High School, Hyogo Prefecture.

Work Experience

Since April 2002:	Employed as an engineer by Matsuda Electric Co., Ltd., Tokyo.
May 2000-2002:	Tutored English and mathematics to high school students.

Ability and Skill[1]

English Ability:	First Class (STEP)

Personal Data[2]

Age:	26
Marital Status:	Married in 2002.
Children:	One, age six months
Health:	Excellent

References

Mr. Yukio Mori,	Head of the Planning Department, Matsuda Electric Co.
Mr. Haruo Sato,	Teacher of Kobe Senior High School

Ⅲ 諸注意および履歴書等の書き方　63

I swear that the above statements are true and correct.
October 15, 2003

Tetsuo Ihara
Tetsuo Ihara

履　歴　書（例 3）

名　　前　　井原哲夫

生年月日　　昭和 52 年 7 月 25 日

本　　籍　　兵庫県神戸市灘区東山町 2-208

現 住 所　　東京都渋谷区代々木 2-23-1

電　　話　　(03) 3456-5066

学　　歴

平成 5 年 4 月〜平成 8 年　　兵庫県神戸高校

平成 8 年 4 月〜平成 12 年　　兵庫県関南学院大学

Notes.
(1) **Ability and Skills** は，英検，タイプ，速記，そろばん，自動車免許，国際テレックスなど何でも仕事に関係のある資格，才能を記しておけばよい．が，単に「〜ができる」ではなく，「〜がどのくらいできる」かを具体的に書くこと．

(2) **Personal Data** では，結婚していれば Married，未婚あるいは離婚した場合は Unmarried と書く．離婚した理由などは書く必要はない．子供の有無は，給与の額にも関係してくるので，人数を記しておく．

職　　歴

平成12年5月〜平成14年　高校生に英語と数学の家庭教師をする
平成14年4月〜　　　　　東京の松田電気会社に技師として勤務

才　　能

英語の能力　英検1級

身　　上

年　　齢　　26歳
配偶者の有無　平成14年結婚
子　　供　　　1人（6ヵ月）
健康状態　　良　好

照 会 先

森　幸雄　　松田電気会社　企画部長
佐藤晴男　　神戸高校教師

　　　以上の通り相違ありません
　　　　平成15年10月15日　　　　　　　　　　井原哲夫

8　推　薦　状

　会社によっては，就職申し込み時に，学校の成績表と共に，学校当局あるいは担当教授からの推薦文を求めるところもある．できるだけ普段から個人接触をして，自分のことをよく知っている先生にお願いする方がいい．次はその1例である．

Letter of Recommendation

Nakayama Trading Company
1-1, Otemachi, Chuo-ku,
Tokyo

September 1, 2003

Dear Sir,

It is with a great pleasure that[1] I recommend Hidehiko Murakami to your company.

Through my observation[2] during the two-year period I taught him at college, I can assure you that[3] Mr. Murakami is not only an ardent worker but also a trustworthy[4] man. He has a marvelous command of practical English[5], both written and spoken, and also a strong sense of responsibility[6]. He has been strictly brought up[7] and I know him to be[8] honest, amiable[9], intelligent[10] and persevering[11].

I feel confident that he will prove[12] an invaluable help to[13] your company if you would employ him.

       Yours sincerely,

       Yoshio Sakamoto

       Yoshio Sakamoto
       Professor of English,
       Machida College of Commerce

推 薦 状

　村上英彦君を貴社に推薦させて戴きます.

　2年間にわたり大学に於て村上君を見て参りましたが，彼は単に学業熱心のみならず，信頼し得る人物であることを確信を持って申し上げたいと存じます. 彼は実用英語ということに関しては，書く能力，話す能力両面に秀で，強い責任感を持っております. 厳格な家庭に育ち，私の見解では誠実にして温順，理性的にしてかつまた不屈の精神に富んだ人間であります.

　彼が幸いにして，貴社の社員となった暁には，貴社にとっても必

Notes.
(1) **It is with a (great) pleasure that ～**＝～させて戴きたいと存じます.
(2) **through my observation**＝私の観察するところでは.
(3) **I can assure you that ～**＝確信を持って～を申し上げる次第です.
(4) **trustworthy**＝信頼し得る.
(5) **have a marvelous command of practical English**＝実用英語を駆使し得るすばらしい実力を持つ.
(6) **responsibility**＝責任感.
(7) **be strictly brought up**＝厳しく育てられる.
(8) **I know him to be ～**＝彼が～であると信じています.
(9) **amiable**＝好感の持てる，人に好かれる.
(10) **intelligent**＝聡明な，しっかりとした思考力を持つ.
(11) **persevering**＝しんぼう強い.
(12) **prove ～**＝～となる (＝turn out)
(13) **invaluable help to ～**＝～にとって非常に貴重な存在.

ずやお役に立ち得るものと確信致しております．

　平成15年9月1日

敬　具
町田商科大学
教授　坂本良雄

中山貿易会社殿

9　紹　介　状

　就職したいと希望している外資系会社に偶然，ゼミあるいは担任の先生の知り合いの外国人がいることがある．その人が人事権を持つ役職にはついていないとしても，会社の内情など参考になる話を聞くことはできる．そんな時，一筆簡単な紹介状を先生に書いてもらうこともあるだろう．その1例を紹介しよう．

Letter of Introduction

July 25, 2003

Mr. John Miles,

　I have the pleasure of introducing[1] Hiroshi Murakami, one of my students at Sokei University.　Mr. Murakami is seeking employment[2] at your company after graduation next year. I would consider it a personal favor if you would[3] give him every possible assistance[4] in obtaining information[5] regarding[6] your company.

Fujio Okamoto

Fujio Okamoto

紹 介 状

　早慶大学にて，私が教鞭をとる学生の1人である村上博を紹介させて戴きます．村上君は，来春卒業後貴社での就職を希望しております．貴社に関する資料入手の為，貴兄のお力添えを戴ければ誠に幸いと存じます．
　平成15年7月25日

　　　　　　　　　　　　　　　　　　　　　　　　岡本藤夫

Notes.
(1) **I have the pleasure of introducing** 〜＝〜を紹介させて戴きます．
(2) **seek employment**＝就職を希望する．seek は「求める」．
(3) **I would consider it a personal favor if you would** 〜＝万一〜して戴けるのでありましたら幸いに存じます．
(4) **every possible assistance**＝可能な限りの援助．
(5) **obtain information**＝情報を入手する，**obtain** は「獲得する」
(6) **regarding** 〜＝〜に関して．

10 就職申し込み状

　学校の就職課，あるいは学生課を通さずに新聞広告の求人欄を利用して，社員募集する会社もある．たいてい小規模の会社で，面接とともに，当日，タイプやちょっとした作文のテストが与えられ，採用，不採用の決定もごく短い期間に行なわれる．ここでは求人広告を見て，早速面接を申し込む時の文面を例にあげてみた．

Application for Employment

October 20, 2003

Gentlemen,

　I saw your advertisement in today's Japan Times for a secretary to the business manager, and I wish to apply for[1] that position.

　I am now twenty-two years and three months old and a graduate of Keihin College of Business. I have been employed[2] for the past year[3] by Kanagawa Travel Agency. I enclose[4] a letter of recommendation from Mr. Hidetaka Komori, the president of the said firm[5], and my personal history.

　I would be most grateful if you would[6] kindly grant[7] me

a personal interview.

Sincerely yours,

Takako Mitsuzuka

Takako Mitsuzuka

就職申し込み状

拝　啓

　貴社が本日付けのジャパン・タイムズ紙上に掲載されました営業部長秘書の広告を拝見致しました．

　私は，現在22歳と3ヵ月，京浜カレッジ・オブ・ビジネスの卒業生でございます．過去1ヵ年神奈川交通代理店において勤務致しました．前記の会社の小森秀孝社長から戴きました推薦状及び私の履歴書を同封致します．

　面接をお許し願えれば，幸甚に存じます．

敬　具

平成15年10月20日

三塚孝子

Notes.
(1) **I wish to apply for** 〜＝〜に申し込みをしたい．(2) **I have been employed**＝勤務してきた．(3) **the past year**＝過去1年間．(4) **enclose**＝同封する．(5) **firm**＝会社．(6) **I would be (most) grateful if you would** 〜＝〜して戴ければ幸いです．(7) **grant**＝許す．

Ⅳ 個人面接・質問とその答え方

基礎編

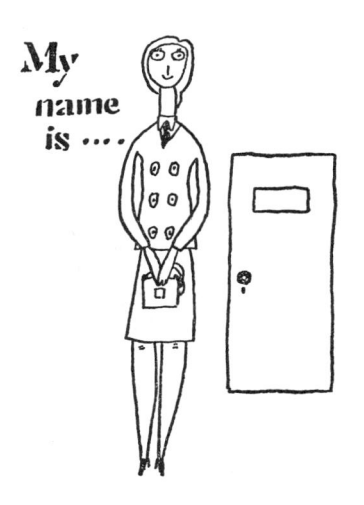

1 Introductions

Question
- Name and examination number, please?

- Tell me a little bit about yourself, please.

Answer
- Number 26. My name is Yoko Kimura.

- My name is Yutaka Yamada, and I live in Kamakura. I like music very much — I have quite a few CDs at home. And I like tennis. I was in the tennis club at my university.

Ⅳ 個人面接・質問とその答え方（基礎編）　73

1　自己紹介のしかた

質 問

・あなたの名前と受験番号を言って下さい．

・あなたの自己紹介をして下さい．

答 え

・はい，26番の木村陽子と申します．

・私は山田豊(ゆたか)と申します．住いは鎌倉です．音楽が大好きで，様々なCDを集めています．またテニスが好きで，学生時代にはテニス部に入っていました．

2 Personal History

Question
· When were you born?

Answer
· July 25, 1981.

· What is your present address?

· 1-2-3 Kitakarasuyama, Setagaya Ward, Tokyo.

· Have you moved often?

· Yes, my family has moved twice. I lived in Hiroshima through primary (grade) school and junior high school and then in my second year of high school we moved to Tokyo and again we moved to Chiba when I started college. I've been there ever since.

2 履　　歴

質　問

・生年月日はいつですか．

・住所はどちらですか．

・引っ越しの経験はありますか．

答　え

・1981年7月25日です．

・東京都世田谷区北烏山(きたからすやま)1-2-3です．

・はい，2度しました．中学校までは広島で，高校2年の時に東京に，また大学1年に千葉に移り，以来ずっとそこに住んでいます．

- Then when your family moved you had to change high schools?

- That's right. I transferred from a high school in Hiroshima to one in Tokyo.

- Did you find it easy to adjust to a new school?

- Well, at first everything was so different, and I felt a little strange, but I made a lot of new friends and then it didn't seem strange anymore. I still write letters to some of my teachers and friends from that school.

- What schools have you attended?

- I finished Tamayama Gakuen Primary School in 1990, and entered Tamayama Gakuen Junior High School that same April. I graduated from there in March of 1993 and entered Tamayama Gakuen High School in April of that year, and in 1994 I transferred to Shinjuku High School. I graduated in March of 1996, and that April I entered Aokawa Gakuin University, where I'm studying now.

- Have you kept in contact with any of your friends from grade school?

- Yes, it just happened that one of friends from grade school is in my university, so whenever we see each other we talk about old friends.

- Tell me something about your experi-

- (Smiles) Well, I was in the gymnastics club, so the first thing that

IV 個人面接・質問とその答え方(基礎編)

・家族の引っ越しで高校が変わったのですね.	・はい,広島の高校から東京の高校に転校しました.
・すぐに新しい高校に慣れましたか.	・校風が全く違いましたので,最初はなかなかなじめなかったのですが,次第に打ちとけて友達もたくさんできました.今でもその頃の先生や友達と手紙のやり取りをしています.
・あなたの学歴を言って下さい.	・1990年,玉山学園小学部卒業,同年4月玉山学園中学部に入学,1993年3月同校卒業,同年4月玉山学園高等部に入学,1994年新宿高校に転校,1996年3月同校卒業,同年4月青川学院大学に入学,現在に至っています.
・小学校時代の友達とは交流がありますか.	・はい,小学校の頃の友人の1人とは偶然にも同じ大学に進み,時々会っては昔話に花を咲かせています.
・中学校時代の思い出を話して下さい.	・(笑顔で)私は3年間,器械体操部に入っておりましたので,思い出といえば,

ences in junior high school.

comes to mind is those long, hard practices! I was captain of the club for one year, and that was a really good experience, I think, trying to make the club better and stronger. I learned a lot from that.

・Was there any teacher who impressed you very strongly?

・Yes, in high school I had a teacher named Mr. Onoue. He liked traveling and read a lot, and he had a lot of depth of character. He introduced me to Hermann Hesse's book, "Narcissus and Goldmund," or "Death and the Lover," and that book made a powerful impression on me, too.

Notes.———————————————————————
present=現在の. **ward** [wɔ:d]=区. **primary school**=**grade school** (小学校). **transfer** [trænsfə́:r]=転校する,転任する. **adjust**=慣れる,順応する. **in April of that year**=その年の4月に. **that**=それ,その.既出の名詞または文,節の反復を避けるため. **gymnastics**=(複数扱い)体操. **"Narcissus and Goldmund" or "Death and the Lover"**=この場合の **or** は「言い換えると」の意味.

その頃のつらく苦しかった練習が真っ先に頭にうかんできます．しかし，部長としてこのクラブを盛り上げていった経験は，今でも私の人生にとって大きなプラスになっています．

・学生時代を通じて，特に印象に残っている先生はいますか．

・高校時代の尾上(おのうえ)先生です．旅行がお好きでまた本をよく読まれるので，とても深い人生観を持っておられます．この先生が紹介して下さった，ヘッセの『知と愛』は学ぶところの多い，感動的な本でした．

[注] 深い人生観とは，たとえばどういうものか．またその本の内容はときかれても，きちんと答えられるようまとめておくこと．

3 About Yourself

Question

- Where is your family from?

- How many are there in your family? (How big is your family?)

- Your application form says that you have a younger brother. How do you and he get along?

- Do you spend much time talking with your family?

Answer

- We're from Kanagawa Prefecture.

- There are four of us including me.

- We get along very well. He's studying for college entrance exams right now, so he asks me for advice a lot on how he should study and things like that. We go swimming together a lot, and mountain climbing. Of course, we fight sometimes, too, but mostly we get along very well.

- Oh, yes. People say there's a generation gap in the world today, but I don't think there is one at our house. We all work at taking time to talk with each other. Especially at mealtimes, we all get together to eat and talk. Meals are very lively at our house.

3　身　上

質　問
・本籍は何県ですか．

・家族は何人いますか．

・弟さんがいらっしゃるようですが，兄弟の仲はいいですか．

・家族の人とはよく話しをしますか．

答　え
・神奈川県です．

・私を含めて4人です．

・はい，弟も今，大学進学を目前に控えておりますので，勉強のしかたなど，よく私に相談に来ます．普段も一緒に水泳に行ったり，山に登ったり，けんかもしますが，仲はいいと思います．

・はい，親子の断絶などと言われている世の中ですが，私の家ではできるだけ話し合いの時間を持つようにしています．特に食事は一家そろって，にぎやかにするよう皆で心がけています．

• What school did you graduate from?	• I graduated from Kanagawa Prefectural Ikeda High School. • I graduated from Suginami High School in Tokyo.
• How long does it take to get here from your home to this office?	• It takes about 40 minutes. • It takes about an hour and ten minutes.
• That's quite a ways. Are you planning to find a an apartment nearby, or do you have relatives you can stay with?	• I think I can commute that far without any trouble. I'm pretty strong. • Yes, I have relatives living about thirty minutes from here, so I'd planned to stay with them for a while.
• Who was the founder of your school?	• The founder (It) was Yoshikuni Ogawa.
• How do you get to your university?	• I use the city trains. • I use the buses. • I walk.
• Your application form says you were out of school for half a year during high school. Why was that? Were you ill?	• Oh, no. My father's job took him to America for six months, and he decided to take the whole family along.

IV　個人面接・質問とその答え方（基礎編）　83

・あなたの出身校はどこですか．
・神奈川県立池田高校です．
・東京の杉並高校です．

・自宅から会社までどのくらい時間がかかりますか．
・約40分です．
・約1時間10分です．

・ずい分かかりますね．どこか近くにアパートを見つけるか，親戚の家に間借りすることはできないのですか．
・このくらいの時間でしたら，体力にも自信がありますので通勤できます．
・はい，ここから30分くらいのところに親戚がおりますので，しばらくの間，そこにお世話になることになっています．

・現在，通っている学校の創立者はどなたですか．
・小川芳国先生です．

・あなたは，家からその大学まで，どういう交通機関を利用していますか．
・電車を使っています．
・バスを利用しています．
・歩いていきます．

・高校で半年間休学していますが，どのような理由のためですか．病気ですか．
・いいえ，父の仕事の関係で，家族全員アメリカに行っておりました．

- So during that time you went to high school in the United States?

- Yes, it was just for a few months, but I attended Hollywood High School in Los Angeles.

- There was a year between the time you graduated from high school and when you entered the university. What were you doing during that time?

- I attended a *yobiko* or college entrance prep school and studied for entrance exams.
- I took some time to do the things a person doesn't usually have time for. Mostly, I traveled.

Notes.
　from＝(出所, 出身) ～から. **get along**＝～とうまくやっていく, 暮らす. **right now**＝ちょうど今. **a generation gap**＝世代の断絶. **We all work at taking time to ～**＝家族みんなが～する時間を作るよう心掛けている. **lively**＝にぎやかな, 活気のある. **prefectural**＝県(府)立の. cf. 私立の＝**private**. 国立の＝**national**. **That's quite a ways.**＝かなりの道程ですね. ways は道程, 距離. **boarding house**＝下宿. **nearby**＝近くで. **relative**[rélətive]＝親戚. **commute** [kəmjúːt]＝定期(回数)券で通う.

・では, その間むこうの高校に通いましたか.

・はい, ほんの短い間でしたが, ロスアンゼルスにあるハリウッド・ハイスクールに通いました.

・高校を卒業して大学に入学するまでの1年間, あなたはどのようにして過ごしましたか.

・予備校に通って, 受験勉強にあけくれておりました.

・普段はない, まとまった時間がもてたので, あちらこちら旅してまわりました.

4 Character (strengths and weaknesses)

Question

• What kind of personality do you think you have?

Answer

• Well, I approach things very enthusiastically, I think, and I don't like to leave something half-done. It makes me nervous — I can't concentrate on something else until the first thing is finished.

• Would you describe yourself as outgoing or more reserved?

• Well, I'm not very outgoing, so I guess you'd have to say I'm a fairly reserved person.

• I'm not really sure — maybe partly both. In class, if I had a question I would always go to the teacher and ask about it, but around my friends I'm pretty quiet.

• Do you think you are more outward-looking or more inward looking?

• Well, sometimes I want to be by myself, but most of the time I prefer being with a group of people, so I guess you'd say rather outgoing. I was very active in my university club.

• Are you more of a follower or a leader?

• I don't try to get in front of people and lead them, particularly. I'd rather cooperate with everybody else, and get the job done by working together.

4 性格（長所，短所）

質 問

・あなたは自分をどのような性格の持ち主だと思いますか．

・あなたは積極的の方ですか，それとも引っ込み思案の方ですか．

・あなたは自分の性格を外向的だと思いますか，それとも内向的だと思いますか．

・あなたは人の言うことにすぐ従う方ですか，それとも人を率いてい

答 え

・はい，物事に積極的に取り組む性格だと思います．またき帳面なところがあり，何でも責任をもってきちんと処理しないと気がすまない方です．

・どちらかというと，人前に進んで出ようとは思わないので，自分では引っ込み思案の方だと思います．
・自分でもはっきり判断しにくいのですが，たとえば疑問な点などがあればすぐに先生のところに質問に行きますが，友達同士の間では，割合，控え目の方です．

・時には1人でいたいと思うことはありますが，やはり大勢の仲間と一緒にいる方が楽しいですから，自分では外向的だと思っています．大学のクラブ活動でもいつもまとめ役をしていました．

・特に人の先頭に立つということはありません．同じ仲間と協力して物事を進めていく方が好きです．

- I don't agree with someone else's opinion if I think he's wrong, but if when I understand his thinking and see he has some good ideas, then I'm very happy to go along with them.

- What would you say are some of your faults and strong points?

- Well, I'm afraid I'm a poor talker, and that isn't very good, so I've been studying how to speak in public. I suppose a strong point is that I like developing new things and ideas.

- People say that I tend to do a thankless task. I can take on jobs that bother other people and just work at them slowly until they get done. I enjoy that sort of thing — that's a good point, I suppose. But the reverse of that is I tend to be withdrawn. I need to go out and be with other people more, so I'm working on that.

Notes.

enthusiastically＝熱心に. **concentrate**＝専心する. **describe**＝(人の)特徴を述べる. **outgoing** [áutgòuiŋ]＝社交性に富んだ，外向性の. **reserved**＝(気質，態度などが) 控え目な，遠慮がちな. **outward-looking**＝外向的な. **inward-looking**＝内向的な. **cooperate**＝(共通の目的，利益のために) 協力する. **go along with** ～＝～に賛成する，同調する. **a poor talker**＝話しべたな人↔a good talker. **speak in public**＝人前で話す. **a thankless task**＝割りの悪い仕事. **take on**＝引き受ける.

く方ですか.	・相手の言うことがもしまちがっていると思ったらそれに従うことは決してありませんが，納得がいく良い意見だと思えば，喜んで協力していく方です.
・あなたはどういった長所，また短所を持っていると思いますか.	・私は少し口べたなものですから，これではいけないと思い，今話し方の勉強をしています．でも自分で何か新しいものを創り出していくことが好きなので，これが私の長所だと思っています. ・縁の下の力持ちとよく言われますが，人のいやがることでも進んで引き受け，自分では結構楽しみながらコツコツやっていける点，私の良い面だと思っています．しかし，その反面，短所は，ちょっと内向的になりがちなので，できるだけ仲間と接するよう努力しています.

---

bother＝〜をわずらわせる，悩ませる．reverse＝逆，反対．withdraw＝引っ込む，退く．work on that＝努めてそのようにする．that＝going out and being with other people more.

5 Life Patterns

Question
· What basic principle do you apply to your life?

Answer
· I try to keep to a regular schedule every day. When I don't, my body isn't in good shape, and neither is my mind, so I've been keeping to a schedule ever since I started college.

· Not to put off till tomorrow what you can do today. I've found out that time and money disappear very easily— you think you have them, and they're gone! Putting things off just makes it worse later, so even if it's hard at the time, I try to get things done that day and not let them go.

· I try to keep a child's outlook on some things. I want to continue to see the beauty in flowers and plants and animals—I don't want to lose that.

Notes.

principle=主義. **apply to**=～にあてはめる，～に適用する. **put off** (=postpone)=延期する. **outlook** [áutluk]=見地，視野.

5 生活信条

質 問

・あなたの生活信条は何ですか．

答 え

・毎日を規則正しく送ることです．不規則になると体調もくずれ，精神的にもだらけてしまいますので，大学時代よりこれを実行しています．

・きょうできることは決して明日にのばさないということです．時間とお金はあると思っているとすぐになくなるものですから，のばしのばしすると後でもっと大変になるので，その時少しくらいつらくてもなるべくその日に終わらせるようにしています．

・はい，常に子供らしい純粋な気持ちを失わないようにと努めています．たとえば，草花，動物など自然の美しさを美しいと思って眺められる心を持ち続けていきたいと思います．

6 Ambitions and Aspirations

Question
• What was it that made you decide to choose this company?

Answer
• Well, I was thinking that I'd like a job somewhere where I could use my English, and then I saw your company's advertisement. It looked really interesting. I think this company has a great future and I'll be able to develop my own capabilities here. That's why I applied.

• I think working in this company would give me the best opportunity to use what I've learned in college, studying trade for two years. I think there's a very good future in precision instruments, and they are one of this country's major exports, so for a long time I've been thinking I'd like to work with this company.

• What made you choose this company?

• I've been interested in computers ever since junior high school. I read every book I could find, and I even built a simple computer myself. Your company is the biggest computer company in the world, and I want a chance to apply what I've learned so far, working for you.

Ⅳ　個人面接・質問とその答え方（基礎編）　93

6　志　望　動　機

質　問

・この会社を志望した動機は何ですか．

答　え

・何とか自分の英語の能力を生かせる職場はないかと探しておりましたところ，貴社の広告が目に入り，大変興味を持ちました．将来性もあり，この業界の中でも首位を占めるこの会社で，自分の力を発揮できたらと思い応募しました．

・大学で2年間学んできた貿易実務を生かせる職場は，この会社をおいて他にないと思ったからです．また精密機械は将来性もあり，重要な輸出品の1つですので，是非この仕事に自分を賭けてみたいと前々から思っておりました．

・あなたがこの会社を志望した理由は何ですか．

・私は中学生の頃からコンピューターに興味を持ち，これに関する本はずい分読み，自分で実際に作ってみたものもあります．貴社はコンピューターを作る会社としては世界最大ですし，今まで自分でたくわえてきた知識と経験をこの会社で生かせたらと思い，受験しました．

• Well, in most Japanese companies no matter how much ability you have, if you're young, you don't get much responsibility. But people say that in this company, if you can do the job, people will trust you with even important work. That's challenging, I think. Also, I have a friend working here already, so I know a little about the company. And I'm very interested in cars, and I enjoy developing new designs, so I think I could do good work for you.

• What made you choose a company in this area, instead of one in Tokyo?

• It was your location that attracted me the most. I was born and raised in Kobe, and now I want to find a job here, too, and settle down in this area.

Notes.─────────────────────────

aspiration=抱負. **capability**=能力, 才能. **trade**=貿易. **precision instrument**=精密機械. **no matter how**=たとえどんなに〜でも. **raise** [reiz]=(子供を) 育てる, 養う.

・日本の普通の企業ですと，実力があっても年齢が若いと責任ある仕事をさせてもらえない場合がありますが，こちらの会社では，実力があれば大きな仕事もまかせてもらえると伺っていますので，本当にやりがいがあると思います．また知人の1人がこの会社におりまして親しみもありますし，幸い，私自身，車に大変興味を持っており，自分で新しい型を設計したりするのが好きなので，この方面では充分に貴社のお役に立てると思います．

・なぜ東京の会社を受けずに，この地方の会社を選んだのですか．

・はい，貴社の立地条件が一番気に入ったからです．私はずっとこの神戸で育ちましたので，これからもここに腰を落ちつけて，じっくりと仕事に打ち込んでいきたいと思っております．

7 Views on Work

Question

• Tell me what you think a job is.

Answer

• Well, a way to make a living, of course, but beyond that I think a job is a way of developing as a person.

• I think when a man finds a job he really wants to do, he's found a treasure to last him all his life. Of course, it's also a heavy responsibility, and not always easy.

• A lot of people say that a job for a woman is just a place where she sits for a while. But even if I don't continue working all my life, while I am working I want to do the best job I can and learn as much as I can. Today more women are taking lifetime jobs, just like men, and I think that shows (that) we should all take our work more seriously.

Notes.
make a living＝生計をたてる．**lifetime**＝一生の．

7 職業観

質問
・あなたにとって職業とは何ですか.

答え
・生活していく上での経済的安定を得る1つの手段であると同時に,人生を豊かにしてくれる生きがいでもあります.

・はい,自分の本当にやりたいと思う仕事につけた時,それは私達男性にとって一生の宝となりますが,同時に責任の伴う厳しいものだと思っています.

・はい,女性にとって職業はほんの腰かけだなどとよく言われておりますが,私はたとえ一生続けることはできないとしても,その仕事についている間は,自分を試し,またみがいて,少しでも会社のお役に立ちたいと思っております.今は,仕事を一生のものとして男性と同じように働いている女性が増えてきましたが,それだけに職業は真剣なものであるべきだと思います.

8 Aspirations after Entering the Company

Question
- If you enter this company, what section would you like to work in?

Answer
- If possible, I'd like you to try me in the international section. (I'd like to work in the international section.)
    * in the general affairs section.
    * in the accounting section.
    * in the business section.
    * in the planning department.
    * in the publicity department.
    * in the promotion department.

- What starting salary would you expect?

- I'd like to start at about ¥150,000 a month.
- I have to take care of my mother, so I'd like to start at around ¥200,000 a month.

- Do you have any particular conditions that you would like the company to take into consideration?

- No, nothing in particular.

Notes.
take into consideration＝考慮に入れる.

8　入社後の希望

質　問
・もし採用されたら,どこのセクションで働きたいですか.

答　え
・はい,できれば国際部の仕事を担当してみたいと思っています(国際部で仕事をしたいと思います).
　　＊総務部で　　＊企画部で
　　＊経理部で　　＊宣伝部で
　　＊営業部で　　＊事業部で

・初任給はどのくらいほしいと思っていますか.

・少なくとも,15万円はほしいと思います.
・はい,私は母の面倒を見なければなりませんので,できれば20万円位はいただきたいと思います.

・この会社に希望することがありますか.

・今のところございません.

[注]　まだ入社する前なので,希望はないのが普通.あまり意見めいたことは言わない方がよい.

9 Applications to Other Companies

Question
· Have you applied for work with any other companies?

Answer
· No, this is the only one.
· Yes, I also applied to ~ Co., in case I wasn't accepted here. The company is smaller, but the work is very similar.
· Yes, I applied to ~ Co., but that was just to get experienced in being interviewed. It would be hard to develop my abilities in such a large company, I think. That's why I want to enter this company.

9　他社の受験の有無

質　問

・この会社以外に受験したところがありますか．

答　え

・いいえ，貴社だけです．

［注］　「ない」と答えた場合，「なぜですか」とか「ではもしこの会社がだめだったらどうしますか」という質問が返ってくることを考え，きちんと相手を説得できるだけの答えを持っていること，また，「ある」と答えてもあまり1つ1つ正直に細かく言う必要はない．

・他に〜会社を受験しました．万が一，貴社が不採用となった場合を考えて，少し規模は小さいのですが，同じような内容の仕事をしている〜会社を選びました．

［注］　このように一まわり規模の小さい同系統の会社をあげるとよい．

・他に〜会社を受験しました．しかし，これはあくまでも受験に慣れるために受けたもので，あのように大規模な会社では充分に自分の能力を発揮することは私にはむずかしいように思います．貴社に入社することが私の希望です．

［注］　その会社に入社したいという熱意を表わすこと．「英語が話したいから」とか「なんとなく受けてみました」などとあいまいな答

・What were the results?	・I took the secretarial examination, but I haven't heard the results yet. ・I was offered a position at ~ Co. ・(Smile) They turned me down.
・Why do you think you didn't get that job?	・I was nervous, and I couldn't express myself the way I wanted to.
・If you are accepted at both places, which company will you choose?	・This one, of course. Your company is my first choice. I want to work for you.

Notes.

in case=〜するといけないから，万一に備えて． turn down=(人，要求，願いなどを)退ける，却下する． **I want to work for you**=この会社で働きたい．日本人はよく，会社に主体を置いて「私は〇〇会社の社員です」という言い方をするが，欧米人は "I'm working for ～ Co." つまり，「自分がその会社のために働いている」と表現する．また，「あなたのお仕事は」と尋ねると，たいていの日本人は会社名を答えるが，欧米人はたとえばエンジニア，秘書などと，その職種を述べる点が日本人と異なるようだ．

IV　個人面接・質問とその答え方（基礎編）　103

　　　　　　　　　　　　　　　　え方は避けること．無責任で誠意がないと思
　　　　　　　　　　　　　　　　われてしまう．

・結果はどうでしたか．　　　・はい，秘書の試験を受けたのですが，
　　　　　　　　　　　　　　　結果はまだわかっておりません．
　　　　　　　　　　　　　　・はい，〜会社は一応採用が決定致しま
　　　　　　　　　　　　　　　した．
　　　　　　　　　　　　　　・結果はだめでした．

・不採用になった理由　　　　・少しあがってしまい，自分の言いたい
は何だと思いますか．　　　　ことを思うように表現できなかった点に
　　　　　　　　　　　　　　あると思います．
　　　　　　　　　　　　　　［注］　「筆記試験ができなかった」とか，「相
　　　　　　　　　　　　　　手の質問にきちんと答えられなかった」など
　　　　　　　　　　　　　　減点の対象となるような答えは避けること．

・両方，採用が決定し　　　　・はい，貴社に入社させて戴きたいと思
た場合，あなたはどち　　　　います．第1の希望はこちらの会社です
らの会社を選びますか．　　　ので，是非，貴社で働きたいと思います．
　　　　　　　　　　　　　　［注］　他の同業会社と比べてなぜこの会社だ
　　　　　　　　　　　　　　けに入社したいのか，自分で明らかにできる
　　　　　　　　　　　　　　ようその会社の知識を深めておくこと．

10 Questions about the Company

Question
- Tell me what you know about our company.

Answer
- Well, the company was founded in Chicago in 1948 by Harry Ward, who was the first president. It's capitalized at $55 million, employs 8,500 people, and is the largest — or maybe the second largest — company in its field in the States. The president now is James Weed. He is the second president, after Mr. Ward. Starting last year, the company has been putting a lot of effort into exporting petroleum products.

- What companies are stockholders in this company, do you know?

- Yes, the main stockholders are FF Chemical Industry and Continental Motors.

- What would you say are some of the special characteristics of this company?

- The company offers service inside the country and overseas. You are the fourth largest international airline in the world. Since Tokyo International Airport was opened at Narita, new and larger types of airplanes have been added. You have a reputation among other airlines for reli-

10 会社に関する質問

質　問

・この会社に関して知っていることを述べて下さい．

・この会社の株主にはどこの会社が入っているか知っていますか．

・この会社の特色を言って下さい．

答　え

・1948年ハリー・ウォード前社長によって設立された資本金5,500万ドル，従業員8,500名という，アメリカはシカゴにあるこの業界でも1，2位を争う会社です．現在はジェームズ・ウィード社長がその後を継いでおり，昨年あたりからは石油製品の輸出にも力を入れています．

・はい，ＦＦ化学工業，コンティネンタル・モーターズなどがあります．

・国内幹線と国際線を運航，日本を代表する世界第4位の航空会社です．成田空港開港後，さらに超大型機を投入するなど，この業界の中でも大変信頼性のある会社です．

ability.

- What first got you interested in this sort of work?

- Well, I've always enjoyed writing. Even when I was little, I kept a diary, and I wrote in it every day. And I'm very curious and enjoy learning about things I get interested in, and building up my own knowledge. And when I thought about how to use those sides of my personality, I decided to become a journalist.

- What do you know about our major products and our share of the market?

- Your company's products are mostly marketed in Europe and the United States, but particularly ~ has sold very well here in Japan, so I think in the future you'll find Japan to be a profitable market, too. It's said that you are one of the major producers in your field.

Notes.

capitalize=投資する, 出資する. **petroleum product**=石油製品. **stockholder** [stákhòuldər]=株主. **have a reputation for** ～=～という評判である. **reliability**=信頼できること. **profitable**=有利な, もうかる.

Ⅳ 個人面接・質問とその答え方（基礎編）

- この業界にどうして関心を持つようになったのですか．

- 私は書くことが非常に好きで，小さい頃から日記も必ず毎日つけてきました．また好気心が旺盛で何にでも興味を持つ方ですし，知識を豊富にする様心掛けています．ですからそういった点を生かして将来はきっとジャーナリストになろうと堅く心に決めていました．

- この会社の主要製品とこの業界におけるシェアーについて知っていますか．

- 貴社の製品はヨーロッパ・アメリカを主な市場としていますが，その製品の中の～は日本でもかなり売り上げが伸びていますので，将来は日本も主要なマーケットの１つになると思います．また，その生産高もこの業界で屈指のものと伺っています．

11 Interests and Hobbies

Question
- What kind of hobbies do you have?

Answer
- I like cooking and reading.
- I play *shogi*, a kind of Japanese chess.
- I enjoy sports, and I like music very much.

- What kind of sports do you like? And do you watch, or play?

- I like watching and playing both. And I enjoy almost all sports, but I especially like tennis and gymnastics. I was in the gymnastics club all through high school, so particularly in the case of gymnastics I prefer practicing to watching.

11　趣　　味

質　問

・あなたはどんな趣味を持っていますか．

・スポーツはどんなものが好きですか．また見る方ですか，それとも実際に自分でやる方ですか．

答　え

・料理と読書です．
・将棋です．
・スポーツと音楽が好きです．

・スポーツなら，見る方もする方も何でも好きですが，特にテニスと器械体操に興味があります．高校時代にずっと部に入っていましたので，器械体操に関しては自分で実際に身体を動かす方が好きです．

- When you cook, do you cook for yourself?

- No — well, I do that, too, but I like being with people, and when someone compliments me on something I've cooked, when they say, "Oh this is good!" that makes me very happy.

- How long have you been playing *shogi*? Do you have (a) rank? (What rank are you?)

- I've been playing ever since my father taught me, in junior high school. Two years ago I was given *Shodan*, or First *Dan*, rank.

- How do you spend your free time?

- I read, or straighten my room, or go shopping, usually.
- I play the flute with a group of friends sometimes — we're all amateurs. And I have some American friends in Yokosuka, so I go and see them every so often.
- I run or play tennis or do something else like that to get some exercise and keep in shape.

Notes.

shogi = 将棋. 会話の中で自分から将棋という言葉を使い出した場合は **a Japanese game of chess** あるいは **a kind of Japanese chess** というような英語の説明も加えた方がいい. **compliment** = 称賛する. **straighten** = 整理する, 片付ける. **in shape** = 正常な状態にある, 好調で.

Ⅳ 個人面接・質問とその答え方（基礎編）

・料理は自分で食べるためですか.	・いいえ，それもありますが，私は人と接することが好きなので，手作りのお菓子やお料理でお友達をもてなし，「おいしい」と言ってくれた時は，本当に生きがいを感じます.
・将棋はいつ頃から始めたのですか．また段を持っていますか.	・中学生の頃に父から教わり，以来ずっと趣味として続けています．２年前に初段になりました.
・あなたはどのようにして余暇を過ごしますか.	・本を読んだり，部屋の片付けをしたり，またショッピングに行ったりもします. ・皆，素人ですが，時々友達同士集まって，フルートを吹いたりしています．また，横須賀にアメリカ人の友人が何人かいますので，よく会いに行きます. ・身体を鍛えるためにマラソン，テニスなど，もっぱらスポーツをしています.

12　Special Qualifications

Question
• Do you have any licenses or other special qualifications?

Answer
• I have a driver's license and a ham radio operator's license, and I've passed the First Grade of STEP, the Society of Testing English Proficiency.
• I've passed the tests of business skills for abacus and shorthand.

• Do you have any special skills?

• My father is an architect, and so I naturally got interested in architecture when I was quite young. Recently I've done some blueprints and designing for my father, and have been helping him, so I know something about architecture.
• I graduated from secretarial science school, so I can type and take shorthand quite well.

Notes.

　　qualification=資格. **proficiency**=(知識, 技術の) 進歩, 上達. **abacus**=そろばん. **shorthand**=速記. **architect**=建築家, 設計者. **architecture**=建築. **I know something about ～**=～について多少は知っている.

12 特許, 資格, 免許

質 問

・あなたは何か免許とか資格を持っていますか.

・あなたは自分で何か特技といったものを持っていますか.

答 え

・自動車と無線の免許, それから英検1級を持っています.

・そろばんと速記の検定試験に合格しました.

・父が設計関係の仕事をしておりますので, 私も子供の時からその方面に関心を持つようになり, 最近では父に頼まれて設計図を書くなどして父の手伝いをしています. 自分でもちょっとした専門家のつもりでおります.

・英文タイプと速記は秘書養成所で習得しましたので, 人並み以上にできる自信があります.

13 Personal Outlook

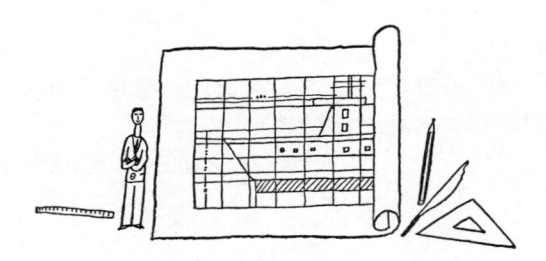

Question
• What kind of things do you want from your future? (What do you hope for?)

Answer
• I've wanted to be involved in engineering ever since I was little. If I pass this interview (smile) and am accepted into this company, I want to contribute whatever I can to improving technology and building better ship. I want to be professional in my field.

• What do you think is the most important thing for happiness for you?

• I think the most important thing is having good friends. A person can't live by himself, I think. It takes a lot of people working together and cooperating. It's really important to have good friends you can talk to, and the more really good friends I have, the better.

13 人 生 観

質 問
・あなたは自分の将来について、どんな希望を抱いていますか.

答 え
・エンジニアという職業は私の小さい頃からの夢でした.(笑顔で)今,その第1歩ともいえる面接試験に臨んでいますが,もし採用が決まりましたら,少しでも技術を高め,より多くの優れた船を作り出し,この道のプロになりたいと思います.

・あなたは何が一番幸福だと思いますか.

・親しい友人がいるということが,私には何にもかえがたいことだと思っています.人生は自分1人だけで生きていくものではなく,共に働き,お互い助け合って行くには大勢の人の力が必要ですから,心を割って話し合える友達を1人でも多く持ちたいと思っています.

- Ever since I was little, I've been clever with my hands. I've always enjoyed doing detailed work. If I could use that ability to make your products a little better and to benefit the company, I would be happy.
- I'm happiest when I'm listening to beautiful music, and when I'm playing it. I started studying the flute when I was very small, and in all the time since then I've never gotten tired of it. I especially like Vivaldi's music and when I'm playing Vivaldi, I'm not conscious of the world around me at all. I want to bring the experience of beautiful music to as many people as I can.

Notes.

involve=(人の関心, 興味を) 引く, 引き込む. **contribute**=貢献する. **technology**=工業技術. **be clever with one's hands**=手先が器用である. **get tired of** 〜=〜に飽きる.

・私は小さい頃から手先が器用な方で，細かい仕事が好きでした．その特技を生かし，少しでも技術的に高度な製品を作り出し，貴社の役に立てれば私はそれが幸せだと思います．

・すばらしい音楽をきいたり，また自分が一奏者として楽器を奏でる時です．幼少の頃にフルートを習い始め，以来ずっとその音色の美しさにひかれています．私はビバルディの曲が得意で，演奏している時には本当に無我の境地です．その美しい音色を1人でも多くの人にきかせてあげたい，そんな思いで一杯です．

14 Student Life

Question

• When you were a student, was there anything you got really seriously involved in?

Answer

• Yes, I decided that the best time to travel was while I was a student, so I worked my way around the country during vacations, doing part-time jobs here and there. I met all sorts of different people and it was really a good experience. Of course, there were good parts and bad parts, but looking back I think it did a lot for me. It changed me a lot, and helped me grow up.

• Well, I joined the *kendo* club when I was a freshman in college, and during the four years I guess I spent more time and energy on *kendo* than on anything else. The practices were really hard, and I don't know how many times I thought about quitting. But looking back on it, the memories are all good. During the practices I'd think, "Why am I doing this?" But afterwards I felt really good. I made a lot of friends that way, too, through the club activities.

• What was your

• World History. I liked learning about

14　学 生 生 活

質　問

・学生時代，何か打ち込んだものがありますか．

答　え

・私は旅行するのは学生時代が一番いいと考え，アルバイトをしながら日本全国を旅してまわりました．さまざまな人との出会いは，私にとって本当にすばらしい経験になりました．楽しかったことも苦しかったことも，今思えば私の人生にとって大きなプラスになっているようです．

・大学1年の時に剣道部に入り，4年間夢中になって練習に励みました．その時は練習がつらくて，苦しくて，何度もやめようと思いましたが，今思えば不思議なことにみんな良い思い出です．練習中よく自分はどうしてこんなことをしているのだろうと考えたこともありました．しかし後になってその良さがわかり，この部を通して親友を得ることもできました．

・あなたの得意科目は何ですか．

・世界史です．私がまだ生まれてもいない時代に，世界はどう変わり，動いてき

| favorite subject? | how the world was changing before I was born. And I'm interested in the history behind countries of the world today. It helps me understand the news better, too, if I know some of the background of the Mideast situation, or Africa or Europe.
• Mathematics. I like geometry especially. I've liked math ever since high school, and then in college I had an excellent teacher. His class was always interesting, and that made me like math even more. |

• What was your worst subject?

• Mm, that would be chemistry. I never could learn to like it very much, and my marks weren't ever very good. The chemical formulas were hard for me to understand, and (smile) in chemistry class there are a lot of chemical formulas!
• Well, in college you get to choose your own major and your own courses, so there was nothing particular that I disliked. But in high school I was terrible at modern and classical Japanese. My mind isn't very liberal-arts-oriented, I guess.

• Is there anything you regret not doing

• I spent a lot of time on my studies, and got a good, solid grounding in my

たのか，また現在ある国々の歴史的背景には何があるのかということを知ることは本当に興味深いと思います．中東の情勢とかアフリカやヨーロッパの背景がわかっていると，ニュースをもっとよく理解する上でも役に立ちます．

・数学です．特に幾何が好きです．数学は高校の時から好きだったのですが，大学の先生が教え方も楽しく，とてもいい先生でしたので，ますます好きになってしまいました．

| ・不得意科目は何ですか． | ・化学がどうしても好きになれず，成績もあまりいい方ではありませんでした．(笑顔で) あの複雑な化学式がやたらに多くて困りました． |

・大学時代は自分で科目を選んで専攻しますので不得意なものは特になかったのですが，高校時代には，現代国語，古文が非常に苦手でした．どうも文学系には向いていないようです．

| ・あなたは在学中にやっておけば良かったとか，こうもしてみたかったと思っていることはありませんか． | ・自分の専門分野の知識をさらに広げられたという点では良かったと思っていますが，もう少しクラブ活動にも打ち込めていたらと思うと，その点が残念です． |

or would like to have done differently during college?

major area, and that was good, I think. But I think probably it would have been good if I had gotten a little more involved in club activities.

• I spent so much time on club activities during the four years — I didn't fail any of my classes, but I think it would have been better to put more time and energy into studying, looking back on it.

• How do you think the education you've received will contribute to your work in this company?

• I think I have a good (basic) understanding of fundamentals in the areas your company deals with, and I can go on from here to build up the specific skills and knowledge I'll need to do my job well.

• My college's physical education department is very good. I think that majoring in physical education has made me stronger physically, and spiritually, too, so that even if the job gets tough I have a lot of confidence in my ability to see it through to the end.

Notes.
here and there=あちらこちらで. look back=振り返ってみる. freshman=一年生. quit=～をやめる. Mideast=中東. geometry=幾何学. chemistry=化学. chemical formulas=化学式. major=専攻科目. terrible=きわめてひどい. modern and classical Japanese=現代

IV 個人面接・質問とその答え方（基礎編） 123

・私は4年間ずっとクラブ活動に夢中になっていましたので，運良く落第点こそありませんでしたが，もう少し勉強の方も真面目にやれば良かったと反省しています．

・あなたの受けた教育はこの会社で役に立つと思いますか．それはどういった点ですか．

・こちらの会社の業務に関する基礎的知識はもっているつもりです．これからの仕事に必要な技術や知識はこれから身につけていきたいと思います．

・私の大学は体育が盛んで，私も体育専攻なので，体力と精神力は人一倍あると自負しています．ですから，仕事の面でも，少しくらい苦しいことがあっても決してへこたれず，最後までやり抜く自信があります．

国語と古文．**My mind isn't very liberal-arts-oriented**＝私は文学には向いていない．**liberal arts**＝文学などの教養科目．**orient**＝～に適応させる．**regret not doing**＝しておけば良かったと思う．**regret**＝後悔する．**differently**＝他の方法で，違ったやり方で．**solid**＝充実した．**grounding**＝基礎教育．**get involved in～**＝～に熱中する．**fail**＝落第する．**contribute**＝貢献する．**fundamental**＝(通例 ～s) 基礎．**deal with**＝扱う．**specific**＝特殊の．**if the job gets tough**＝仕事がむずかしくなっても．**have confidence in**＝～に自信がある．**my ability to see it through to the end**＝それを最後までやり抜く能力．**see through**＝～をやり抜く，成し遂げる．

15 Friendships

Question
• Do you have any people you'd call really close friends?

Answer
• Three people, but two of them live quite away and we only get to see each other every two or three months. The other fellow helped me through a bad time when I was a freshman, and we've been close friends ever since.

• Would you say you have a lot of friends, or just a few?

• Not so many, but not really just a few, either, I suppose. There are about ten people that I see quite a bit of now. They're good friends.

• Are you an outgoing person, or more reserved?

• I wouldn't call myself outgoing. Sometimes I enjoy being by myself very much. But other times I enjoy being around other people, too, especially the last few years. I used to be very shy when I was little, and it seems like every year I get a little more relaxed around people, and have more fun in groups.
• Outgoing, I think. I enjoy being with my friends very much.
• I like being around people and doing things with people, so outgoing, I guess.

15 交友関係

質問

・あなたは親友と呼べる人がいますか.

・あなたは交際の広い方ですか, それとも友人の少ない方ですか.

・あなたは外向的な方ですか, それとも内向的な方ですか.

答え

・3人おりますが, 1人を除いては遠く離れていますので, 2, 3ヵ月に一度会う程度です. 近くにいる親友は大学1年の苦しい時期にずっと力になってくれ, それ以来男同士の友情が続いています.

・あまり広くはありませんが, 特別少なくもありません. 現在10人ほどの友人とつき合っています.

・自分では決して外向的だとは思っていません. 時には1人でいたいと思うこともありますが, そうでない時は友達同士楽しくやっています. これは, 特にここ2, 3年のことで小さい頃はとても恥かしがり屋でしたが, やっと少しずつ慣れてグループでいることも楽しくなりました.

・外向的な方だと思います. いつも友人と一緒に楽しくやっています.

・人と接することが好きですので, 外向的だと思っています.

16 People You Respect

Question

· Can you name one person that you respect very much?

Answer

· My English teacher in college. She had so much humor and vitality, and I was very impressed with her tactfulness. She could make a person see the contradictions in his thinking without making him feel foolish. I learned a lot from watching the way she applied herself to her teaching, and how she led people to see things.

· Mmm... Dr. Martin Luther King. He impressed me as a man with a great deal of love for mankind, the way he worked for black liberation and equality. His "I Have a Dream." speech has had a big effect on me. I've listened to that tape hundreds of times.

Notes.

tactfulness=如才なさ，機転. contradiction=矛盾. without making him feel foolish=その人を情けない気持ちにさせないで. apply oneself to ～=～に専心する，従事する. how she led people to see things=物を理解するよう人を導くそのやり方，指導の仕方. **Dr. Martin Luther King**=黒人解放闘争の歴史に不滅の足跡を残し，1968年テネシー州で39歳の若さで凶弾に倒れた人物. "**I Have a Dream**"は1963年8月27日にワシントンにおいて行なった有名な演説. mankind=人間.

16　尊敬する人物

質 問

・あなたの尊敬する人は誰ですか．

答 え

・大学時代の英語の先生です．非常にバイタリティとユーモアにあふれ，決して人をそらさない魅力を持っています．考え方などで，先生に矛盾を指摘されても決していやな気持ちがしません．先生の教え方，指導の仕方から多くのことを学びました．

・そうですね…キング牧師です．黒人の解放と平等を訴え，心から人間を愛した1人だと思います．牧師の演説「私には夢がある」には胸を打たれ，何度も何度もテープをききました．

---

black liberation and equality＝黒人の自由と平等．　**have a big effect on ～**＝～に大きな影響（効果）を与える．

17 Books and Authors You Like

Question
· What is the most impressive book you've read recently?

Answer
· I read the book that the movie "The Deer Hunter" was based on, about the war in Vietnam, and it made a very deep impression on me. It was the first thing I'd ever read that made war seem real to me. It was quite a shock.

· What was it that shocked you?

· I guess the tragedy of the fighting and the close friendship that come about among the men. Fighting and friendship always seemed contradictory to me, and that book shows them as very closely related. It's given me a lot to think about.

17 好きな本, 作家

質 問
・最近読んだ本の中で一番印象に残っているのは何ですか.

答 え
・あの映画の原本『ディア・ハンター』を読み終えた時には, 何とも言えず深刻になってしまいました. ベトナム戦争を通じて, 戦争というものをまざまざと見せつけられた思いです. こういった作品は初めてでしたので, とてもショックでした.

・どういった点が衝撃的でしたか.

・はい, 戦争の悲惨さと男同士の友情です. 私は争いと友情とは, 常に相反するものだと思っておりましたが, この本では, その2つが密接につながり合っていて, 大変考えさせられました.

- What kind of books do you like?

  - I like mysteries very much — I like to try to figure out "who did it" before the author explains everything. My favorite character is Hercule Poirot in the Agatha Christie mysteries. I've read all of those.
  - I like biographies. It's interesting to read about the backgrounds of people who have become famous, and see that I can learn from their lives.

- Who is your favorite author?

  - I like the novels of Hermann Hesse very much. I've read almost all of them in Japanese translation. I wish I could read them in the original — I hear they're even better then.

Notes.

tragedy=悲劇. **contradictory**=矛盾している，相反する. **closely related**=密接にかかわりのある. **figure out**=〜を発見する，考え出す. **biography**=伝記.

・どういった種類の本が好きですか.	・推理小説が1番好きです. 誰が犯人かを考えながら読むと飽きません. 特にアガサ・クリスティの作品の中に出てくるエルキュール・ポアロが好きで全部読みました. ・伝記が好きです. 有名になった人達の生いたちを読んで, 彼らの人生から何か学べることはないかどうかを考えるのは興味があります.
・どの作家が好きですか.	・ヘルマン・ヘッセの小説が好きで, ほとんど読みましたが, 残念なことに日本語なので, 原文を読めたらどんなにかすばらしいと思います.

18 General Knowledge

Question

• What theory of government for modern nations was proposed by Locke and Montesquieu?

Answer

• The idea of democracy.

• Which countries are members of the EU?

• France, Germany, Italy, Belgium, the Netherlands, Luxemburg, Great Britain, Ireland, Denmark, Spain, Portugal, Greece, Austria, Sweden, and Finland. Fifteen countries altogether. Ten more countries are scheduled to join the EU next year.

• What are the two basic causes of inflation?

• That's a difficult question! But I think you usually have inflation when demand outruns supply, forcing costs up, and people have extra money and are willing to spend it for things they want. Then they compete for things on the market, and costs go higher and higher.

Notes.
EU=European Union 欧州連合.　**outrun**=上回る.

18 一般常識

質 問

・ロックやモンテスキューによって説かれた近代国家の政治理論を何といいますか.

・EU 加盟国をあげて下さい.

・インフレーションの主な原因として,一般に指摘されているものは何と何だと思いますか.

答 え

・民主主義です.

・フランス,ドイツ,イタリア,ベルギー,オランダ,ルクセンブルグ,イギリス,アイルランド,デンマーク,スペイン,ポルトガル,ギリシア,オーストリア,スウェーデン,フィンランドの 15 カ国です.来年,さらに 10 カ国が加入することになっています.

・むずかしい質問ですが,私の考えでは需要が供給を上まわり,その結果,価格が上昇する場合と,国民の間に貨幣が流通しすぎ,買いあさりが生じて,値段が高くなっていく場合とがあると思います.

19 Current Topics

Question

• There's been a lot in the newspapers recently on "spiral." Do you know what that means?

• The stock market puts out the Dow Average every day. Do you know what that is?

• What did you think about the results of the Tokyo Summit held here not long ago?

Answer

• Spiral itself is a winding coil, but as an economic term it means a continuous spreading and accelerating increase or decrease as in costs, prices, or wages. It was first used by F. D. Roosevelt, the 32nd American President, as "a continuance of the upward spiral of prices."

• Yes, the Dow is the average price of stocks for that day, computed according to the methods of the Dow Jones Company in the United States.

• I was glad to see Japan taking a more active part in the kind of decision-making. The problems are complicated, though, and it's going to take a lot of work by all the countries involved to improve the situation.

19　時事問題

質問

・新聞などでスパイラルという言葉が目につきますが，何の意味かわかりますか．

答え

・スパイラルそのものは「ぐるぐる巻きのらせん状」を意味しますが，経済用語としては「原価，価格，また賃金などが，連鎖的変動，また上昇や下降をすること」で，アメリカの第32代目の大統領F.D.ルーズベルトが「物価のらせん形的上昇の継続」という言い方で初めて使ったものです．

・株式市場では，毎日のようにその日のダウ平均が表示されていますが，このダウとは何か知っていますか．

・アメリカのダウ・ジョーンズ社の計算方法による，その日の平均株価を言います．

・あなたは，最近東京で行なわれた各国首脳会議の結果についてどう思いますか．

・日本がこういった会議でますます重要な役割を果たしているのを知ってうれしく思いました．しかし，問題は複雑ですし，その状況をよりよい方向にもっていくために，関係諸国はこれからが大変だと思います．

- The North-South problem is getting a lot of attention all around the world recently. Can you explain briefly what that is?

- Well, most of the developing nations are in the Southern Hemisphere, or at least relatively far south, and most of the industrially developed nations are in the north. The economic development isn't spread out evenly; it tends to be concentrated in a few areas. The North-South problem is mostly a problem of unbalanced economic development, I think.

Notes.

spiral＝(経済用語)価格・賃金などが連鎖的に変動すること. put out＝～を作り出す. stock＝株式, 株. computed＝計算された, 算出された. take a more active part＝より重要な役割を果たす. decision-making＝物事の決定. complicated＝複雑な, it's going to take a lot of work＝これから大変な努力が必要だ. involve＝(やっかいなことに) 巻き込む. improve＝改善する. briefly＝簡潔に, 手短に. the developing nations＝開発途上国. the Southern Hemisphere＝南半球. hemisphere [hémisfiər]＝半球体. relatively＝相対的に. industrially＝工業, 産業の面で. developed nation＝先進国, cf. 発展途上国は developing nation. evenly＝公平に, 平均して. concentrate＝集中する.

IV 個人面接・質問とその答え方（基礎編） 137

・南北問題が今，世界中の注目を集めていますが，これは簡単にいうとどんなことですか．

・開発途上国は，ほとんどが南半球にありますが，これに対して先進国は北半球に集まっており，経済が発達しているのはごく一部の国々に限られているようです．主にこの経済的発展の不均衡から生じる問題が南北問題だと思います．

20 Major Subjects, Graduation Thesis

Question
- What was your major in college?

Answer
- I majored in economics.
- I specialized in law.
- I majored in electrical engineering.
- I did mechanical engineering.
- Accounting.

- What was your graduation thesis on?

- I did my thesis on the differences between American and Japanese humor.
- I did some work on low-temperature superconductors.
- I did a survey of changes in the Japanese educational system during the Meiji Era.

20 専攻科目，卒業論文

質 問
・大学での専攻科目は何ですか．

答 え
・経済です．
・法律です．
・電子工学です．
・機械工学です．
・会計学です．

・あなたの卒業論文のテーマは何ですか．

・アメリカ人と日本人のユーモアの違いについてです．
・低温超伝導体について論文を書きました．
・明治時代における日本教育の推移について調べてみました．

- What were your conclusions?

- I found out several interesting things — one was that my subject was too broad. I could have written a whole series of books and still not covered everything!

- I found out some really interesting things about the conductivity of liquid helium. I was sure I had a great discovery until my teacher told me the same discoveries had already been made fifteen years ago. (laugh) I think the most important thing I learned, though, was the importance of keeping good records.

- I was surprised at how different that educational system was from the one we have today. I hadn't realized that there had been so many changes.

Notes.
major=専攻科目. specialize=専攻する. low-temperature=低温の. superconductor=超伝導体. survey=調査. Era=(歴史的に重要な出来事によって区分された) 時代. conclusion=結果, 結論. series=連続したもの, 一連. conductivity=(熱, 音, 電流などの) 伝導性. liquid=液体の. helium=ヘリウム (原子記号 He).

IV 個人面接・質問とその答え方（基礎編） 141

・研究の結果をお話し下さい．

・いくつかおもしろい点を発見致しました．その1つは，私が研究した課題は非常に範囲が広く，一連の本を書いたとしても，まだ全部を網羅できないと思いました．

・私は，液体ヘリウムの伝導性について大変興味深い結果を得て，これはすごい発見をしたと思っていましたら，先生にそんなことはもう15年も前に解明されていると言われ，がっかりしてしまいました．（笑う）しかし，よい記録を保存しておくことがいかに重要であるかを学び得たことは，私にとって一番実りあるものでした．

・その当時と今日の教育制度がずい分異なっているということを知り，驚きました．この研究をするまでは，こんなにも多くの改革がなされてきたとは，全く気付きませんでした．

21 Club and Group Activities

Question

• Were you involved in any club activities at your university? And if you were, what did you learn from them?

Answer

• I was in the tennis club for four years. That was a good experience—I got a lot out of it. Especially, it gave me confidence in my ability to see things through, even if it isn't easy. That will be useful all my life, I think.

• I was in the judo club, and got second *dan* rank during my sophomore year. Judo practice is very good for teaching spiritual and mental harmony, I think. It has helped me to concentrate better, and little things that used to irritate me don't bother me anymore. I've learned to be more centered.

• I was in the track and field club. I was best at pole-vaulting, so I specialized in that, and I learned gradually to let my mind and heart be completely free and empty at the moment of the jump. Looking back on it, that is very much like some Zen teachings, though I didn't think about it that way at the time. It was very good mental training, I think.

21 クラブ活動，サークル活動

質 問

・あなたは在学中，何かのクラブに入っていましたか．また，その部を通して何か学んだものはありますか．

答 え

・はい，テニス部で4年間がんばりました．この部活動のおかげで非常に有意義な大学生活を送ることができました．特に何事にもくじけない精神力を身につけられたことは，きっと社会で役に立つと思います．

・柔道部に入っており，大学2年の時に2段を取りました．精神統一のために柔道は非常によい修業になると思います．小さい事にくよくよと悩むこともなくなり，私の真ん中に一本筋が通ったような気がします．

・陸上部に入っておりました．得意は棒高跳びです．あの跳ぶ瞬間は全く無の心境になり，今思うとちょうど禅の教えに似た所があって，何か心の糧を得た思いで一杯です．

- I was in a Bible study group. I'm a Christian, and that was a very good chance for me to learn more about Christ's teachings. And in my junior year, I was the leader of the group, which gave me a chance to try lots of things to build the circle up and bring in more people. It was a lot of work, but I learned a lot about working with people and I think that will be useful after I graduate.
- I was in a singing club. We put on quite a few concerts, and I learned a great deal about the importance of teamwork. That was a good experience.
- I didn't join a club, but some friends and I formed a group we called "Friends of Cycling", and every Sunday we got together for a bicycle ride somewhere. We had a lot of fun, and we saw parts of the Kanto Plains that people don't usually get to.

IV 個人面接・質問とその答え方(基礎編)

・聖書研究部に入っていました．私はクリスチャンなので，さらに深くキリストの教えを学べたことは，私にとって大変よい機会でした．また3年の時に部長として部を盛り上げ部員を集めるために四苦八苦した経験で学んだ，人と協調していく必要性ということは，今後，きっと役に立つと思います．

・合唱部に入っていました．よく合唱コンクールにも出ましたが，部を通じて，いかにチームワークが大切かということを学びました．いい経験でした．

・クラブ活動には入っていませんでしたが，友人達と「自転車同好会」というようなものを作り，毎週日曜日に皆で集まり，サイクリングに出かけたりしました．とても楽しく，関東平野など，人があまり行かないようなところへも行きました．

Notes.

see things through＝途中でくじけずに，物事を最後までやり通す． see through＝〜をやり抜く，成し遂げる． **sophomore**＝(大学の) 2年生． **spiritual and mental harmony**＝精神統一． **irritate**＝〜をいらいらさせる． **bother**＝〜を悩ませる． **be centered**＝集中する． **track and field**＝(集合的) 陸上競技． **be best at 〜**＝〜が一番得意である． **pole-vault**＝棒高跳び． **junior year**＝3年生． **It was a lot of work**＝大変な苦労でした． **I learned a lot about working with people**＝人と協調して行くということに関して学ぶ所が多かった． **put on**＝上演する． **quite a few**＝相当数の．

22 Grades

Question
- How were your grades in college?

Answer
- I had eight A's, 20 B's and nine C's. In my freshman and sophomore years I didn't know exactly what I wanted to study, and I didn't work very hard. Then all of a sudden in my junior year I realized that I wasn't going anywhere that way, and if I didn't get serious it would be too late pretty soon, so I started to work harder. My grades got better after that.
- I had an 85 average. The first two years were general studies rather than major classes, and I didn't find them very interesting, but from my junior year I started being able to choose my own courses, and I got really interested in what I was studying.
- My grades weren't very good. I spent almost all my time on club activities, and missed a lot of classes.

Notes.
grade(=**marks**)＝成績，評点．**all of a sudden**＝突然，突如として．**that way**＝そんな調子では．**get serious**＝まじめになる．**pretty soon**＝すぐに．**pretty**＝非常に，とても．**miss**＝(～に) 欠席する．

22 学業成績

質問

・大学時代の学業成績はどうでしたか．

答え

・Aが8つ，Bが20，Cが9ありました．1，2年の時は，何も目的を持たずにただのんびりと過ごしてしまった感じで，3年になって急にこれではいけないと思い直し，少しがんばったのでそれからは成績の方も少し良くなりました．

・平均85点ぐらいの成績でした．1，2年はこれといった専攻科目もなかったので，あまり授業の印象もありませんでしたが，後半3年からは，自分で科目を選べたので，非常に勉強に身が入りました．

・授業の成績はあまりいい方ではありませんでした．というのは，クラブ活動の方にすっかり夢中になってしまい，欠席が多かったためです．

23 Part-Time Jobs

Question

- Did you work during college?

Answer

- Yes, I delivered newspapers all through summer vacation during my sophomore year.
- Yes, every year during winter vacation I worked as a department store delivery boy.
- I did some English tutoring with high school students.

- What did you do with the money you earned?

- I used it to help with living expenses.
- I'd been wanting some scuba-diving equipment for a long time. I used the money for that.
- I like to travel, so I saved up the money for that.

Notes.

deliver＝〜を配達する． **delivery boy**＝配達人． **tutor** [t(j)úːtər]＝家庭教師． **living expenses**＝生活費． **scuba-diving equipment**＝潜水具をつけた水中呼吸装置． **equipment**＝装具，用具． cf. **skin diving** は背に水中肺 (**aqualung**)，足にゴムのひれ (**flippers**) をつけてする潜水． **save up (the money) for** 〜＝〜のために貯金する．

23 アルバイト

質問

・学生時代，アルバイトをした経験はありますか．

答え

・はい，大学2年の夏休みに，ずっと新聞配達をしました．
・はい，毎年，冬休みにデパートで荷物の配達をやっていました．
・家庭教師をして，高校生に英語を教えていました．

・アルバイトをして得たお金は，何に使いましたか．

・生活費の1部にあてました．
・長年欲しいと思っていた潜水具を買いました．
・私は旅行が好きなので，その旅費の一部にしようと思い，貯金しています．

Ⅴ 個人面接・質問とその答え方

応用編 1

1 Flight Attendant

Ms. Higuchi has passed the examination required of applicants for stewardesses for the Transpacific Airlines Company. She has been granted an interview with Mr. Benson, the personnel manager of the Tokyo branch office.

Mr. Benson (B): Please have a seat, Ms. Higuchi.
Ms. Higuchi (H): Thank you.
B : So you would like to become a flight attendant. What made you decide on this type of occupation?
H : I like traveling very much and I enjoy working with people.
B : Can you make yourself understood in English without too much difficulty?
H : Yes, I think I am quite fluent in English.
B : Have you ever been abroad?
H : Yes, I was an exchange student when I was in high school. I stayed in California for about ten months.
B : I see. Do you realize, Ms. Higuchi, that being a flight attendant is not an easy job? You must deal with many kinds of people and sometimes you would have to work long hours.

1 （女性）客室乗務員

樋口さんは，トランスパシフィック航空会社の客室乗務員の筆記試験に合格し，東京支社の人事部長，ベンソン氏と面接することになった．(Mr. Benson＝ B，樋口＝H)

B：お座りなさい，樋口さん．
H：ありがとうございます．
B：あなたは客室乗務員になりたいということですが，どうしてこういった職業につきたいと思われたのですか．
H：私は旅行が大好きですし，ほかの人たちとご一緒に仕事をすることは，とても楽しいことだと思っています．
B：あなたはそう苦心せずに，英語で自分の気持ちを伝えることができますか．
H：はい，英語はほとんど不自由なく話せます．
B：外国に行ったことはありますか．
H：はい，高校の時に，交換留学生として10ヵ月ほどカリフォルニアにおりました．
B：そうですか．ところで樋口さん，客室乗務員というのは，決して楽な仕事ではないことはおわかりですか．いろいろな人と接しなければならないし，長時間働かねばならないこともあります．

H : Yes, I know that.

B : Are you in good health?

H : I just had a complete physical examination and I was declared in top condition.

B : Have you had any nursing experience? How about taking care of children? Have you ever been a baby-sitter?

H : I have never done any nursing, but I love children. I haven't had any experience as a baby-sitter, either.

B : Do you like to cook?

H : Yes, cooking is my hobby. I have taken lessons in French cooking.

B : Well, you wouldn't be expected to cook, but as you know, you will have to serve meals. I think you are acquainted with our salary schedule and working conditions. Do you have any questions?

H : How about your training program? Would we be trained here in Japan?

B : No, our training facilities are located in Honolulu. You would be trained there for six weeks.

H : I see. Does your company give bonuses, if you don't mind my asking?

B : We don't give semi-annual bonuses, but we offer a Christmas bonus. You will receive one month's vacation a year. As you know, you will be entitled to a discount on all airline

H：はい，存じております．

B：あなたは健康ですか．

H：はい，一応全部の身体検査を受けたばかりですが，いたって健康だと言われました．

B：看病とか子供の世話をしたことはありますか．それから赤ん坊などの面倒をみたご経験はありますか．

H：幼児の守りをしたことはありませんが，子供は大好きです．赤ちゃんの面倒をみた経験もありません．

B：お料理は好きですか．

H：はい，私の趣味です．フランス料理を習いました．

B：まあ，客室乗務員は料理を作る必要はありませんが，ご存知のように，食事をお客様に出しますからね．あなたは給与や勤務体制，待遇といったものはよくご存知だと思いますが，何か質問はありますか．

H：訓練の方はどのような予定になっていますか．日本で訓練を受けるのでしょうか．

B：いいえ，この会社の訓練所はホノルルにあります．そこで6週間，訓練を受けることになります．

H：わかりました．あの，もしお伺いしてもよろしければ，ボーナスがいただけるのかどうか知りたいのですが．

B：年2回のボーナスはありませんが，クリスマスにボーナスを出します．また，1年につき1カ月の休暇がとれます．その他，す

tickets plus discounts at hotels around the world. If we were to hire you, when would you be available?

H: I can begin working anytime.

B: If you are hired, you would be expected to report for training on the 21st of next month. Would that be convenient for you?

H: Yes, fine.

B: We are considering several other applicants and we will make our decision by the end of next week. We will call you regardless of whether you are hired or not. Thank you for coming, Ms. Higuchi. It was nice talking to you.

H: Thank you, Mr. Benson.

Notes.

flight attendant＝以前使われていた stewardess や steward は男女差別語という理由で公式には使われない．これを知らない一般乗客はまだ使う人もいるが，航空関係者の間では死語になっている．しかし，どうしても男女を明示しなければならないときは female/mail flight attendant（女性/男性客室乗務員）と表現する．また，航空会社によっては cabin attendant（略して CB）と呼んでいる． **personnel**＝(会社，役所などの) 人事課 (部)． **the personnel manager**＝人事部長． **fluent**＝流ちょうな． **I think I am quite fluent in English.** という答え方に注意．前章でも述べたように，決して「あまりよくできません」などと謙遜せず，はっきりと自分を打ち出すこと． **deal**＝(+with) 扱う，対処する． **declare**＝断言する，宣告する．健康状態はよくきかれる質問の1つだから，この答え方も覚えておくと役に立つ． **be acquainted with**＝～を知ってい

べての航空券や世界中のホテル料金が割引されます．もし採用されたら，いつから仕事につけますか．

H：いつでも結構です．

B：もし採用が決まれば，来月21日に訓練のため出社してもらうことになりますが，それで都合はいいですか．

H：はい，結構です．

B：何人か他の応募者も考慮した上で，来週の終わりまでに決定しますが，合否を問わず，結果はお電話でお知らせします．では樋口さん，どうもごくろう様でした．

H：ありがとうございました．ベンソンさん．

る，精通している．**facility**＝施設．**if you don't mind my asking**＝もしおききして差しつかえなければ．**semi-annual**＝年2回の．**entitle**＝権利(資格)を与える．**discount**＝割引．**If we were to hire you, when would you be available?**＝もし採用することになったら，いつから来られますか．were は仮定法．こうきかれてもあわてないよう，きちんと答えを用意しておくとよい．**report**＝出社する．**regardless of**＝～にかかわらず．

2 Customer Service Agent

In answer to a want ad in an English language newspaper, Ms. Yoshida sent her résumé to the Capital Airlines Company. She is interested in becoming a customer service agent. After reading over her résumé, they called up Ms. Yoshida in order to set up an interview. She is now being interviewed by Ms. Calder, who is in charge of personnel.

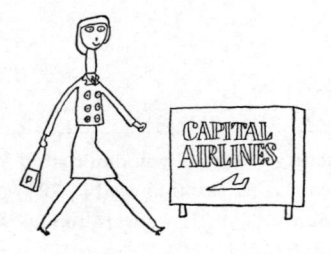

2 顧客係

英字新聞の求人広告を見て，吉田さんは，キャピタル航空会社に履歴書を送った．吉田さんは顧客係になりたいと思っている．彼女の履歴書を読んで，会社側は面接の日時を決めるために吉田さん宅へ電話をかけた．さて，彼女は人事を担当しているコルダーさんに面接を受けることになった．(Ms. Calder＝＝C，吉田＝Y)

Ms. Calder (C): I see by your résumé that you have been doing office work.

Ms. Yoshida (Y): Yes, I have worked at the A and M Trading Company for two years.

C : What made you decide to change jobs?

Y : I have been studying English conversation and I would like to get a job in which I can use my English.

C : Is your English teacher a native speaker?

Y : Yes, she is an American.

C : Have you ever traveled abroad?

Y : Yes, I went to Europe two years ago after I graduated from junior college. I spent ten days in Hawaii this summer. I love to travel.

C : I see. By the way, have you ever had any serious illnesses?

Y : No, I have always been in good health.

C : This type of work requires much stamina. You would be on your feet most of the time and sometimes you would be expected to work long hours. Customer service agents have to be in top physical condition. Are you familiar with the duties of the check-in counter?

Y : Yes, some of my friends are check-in agents.

C : When would you be available to start working?

Y : Well, I would have to give at least a month's notice at

Ⅴ 個人面接・質問とその答え方（応用編 1）

C：履歴書によると，あなたはずっと会社勤めをしておられたようですね．
Y：はい，2年間，A＆M貿易会社に勤めております．
C：なぜ，仕事を変える決心をしたのですか．
Y：私はずっと英会話の勉強をしておりまして，何とか自分の英語の能力を生かせる仕事をしたいと思ったからです．
C：あなたの英語の先生は，外国人ですか．
Y：はい，アメリカ人です．
C：外国へ行かれたことはありますか．
Y：はい，2年前，短大を卒業した後にヨーロッパへ行ったことがあります．今年の夏は，10日間ハワイへ行きました．私は旅行が大好きです．
C：そうですか．ところで，あなたは以前，重い病気にかかったことはありますか．
Y：いいえ，ずっと健康です．
C：こういった仕事は，非常に体力を必要とします．たとえば，ほとんど立ちっぱなしとか，時には長時間仕事をしてもらわなければならない時もありますから，顧客係というのはいつも身体の調子をよくしておかないといけません．チェックイン・カウンターという仕事の内容はよくご存知ですか．
Y：はい，友人の中にチェックイン担当をしている人が，2, 3人おりますので．
C：いつから仕事を始められますか．
Y：そうですね．少なくとも1ヵ月前に今の会社に辞めることを言

my present job, so I could probably report for work by the first of November.

C : Our next training program begins on November 12th. Do you have any questions you would like to ask me, Ms. Yoshida?

Y   Would there be any opportunities to work abroad in the future?

C : Yes, after two years there would be a good chance you would be transferred to a foreign airport for our company. Would that be satisfactory with you?

Y : Yes, I would like that very much.

C : As you know, we pay our customer service agent ¥170,000 to start. Raises are given according to your ability. You would receive such fringe benefits as bonuses, travel and hotel discounts, health insurance, a month's vacation each year, etc.

Y : May I ask how much the bonuses are?

C : Certainly. We offer semi-annual bonuses equivalent to three months' salary at the present time. Of course, the amount of the bonus is flexible.

Y : I understand that.

C : Well, what do you think? Are you still interested in the job?

わなければなりませんので，恐らく，11月1日までには出勤できるようになると思います．
C：この会社の次の訓練日程は，11月12日から始まりますが，何か質問はありますか．
Y：将来，外国で仕事ができる機会はあるのでしょうか．
C：ええ，2年後には，当社の（支社勤務として）外国の空港に配属されるチャンスはあります．いかがでしょうか．
Y：はい，とても結構だと思います．
C：顧客係の初任給は17万円というのはもうご存知と思いますが，あなたの仕事振りによって昇給されます．また，ボーナスや旅行，ホテル料金の割引，健康保険，1年につき1ヵ月の休暇などの待遇もあります．
Y：ボーナスはいくらぐらいか伺ってもよろしいでしょうか．
C：ええ，現在のところ，3ヵ月分のボーナスを年に2回支給しています．もちろん，その金額は一定ではありません．
Y：わかりました．
C：さて，どうですか．それで，やはりこの仕事に興味がありますか．

Y : Yes, I am.

C : You can feel assured that we will give your application careful consideration. We will let you know our decision as soon as possible. How can we get in touch with you?

Y : I can be reached at my home in the evenings. My telephone number is 2123-4567.

C : That's 2123-4567?

Y : That's right.

C : You should be hearing from us within ten days. Thank you for your interest in the job.

Y : Thank you. Good-bye.

C : Good-bye.

Notes.─────────────────────────────────
　a want ad＝求人広告．ad は advertisement（広告）の略．**résumé** [rèzuːméi]＝履歴書．**customer service agent**＝顧客係．以前は ground hostess と呼ばれていた．**set up**＝認める，設定する，準備する．**in charge of**＝担当して．**on one's fect**＝立ち上がって，立ったままで．**check-in counter**＝(空港での) チェックイン・カウンター．**check-in agents**＝チェックイン係．**be transfered to～**＝～に転勤させられる．**transfer**＝移動させる．**equivalent**＝等しい，相当する．**at the present time**＝差しあたって，当面は．**flexible**＝適応性のある，融通のきく．**feel (rest) ussured that**＝～に安心する．**reach**＝～と連絡がとれる．この使い方も覚えておくと便利．

Y：はい，ございます．

C：あなたの当社ご希望を十分に配慮し，検討致します．できるだけ早く，結果をご連絡しましょう．連絡先をお教え下さい．

Y：夜ならば自宅におります．電話番号は，2123-4567です．

C：2123-4567ですね．

Y：はい，そうです．

C：10日以内には，お知らせできると思います．ごくろう様でした．

Y：ありがとうございました．失礼します．

C：さようなら．

N.B. 転職を希望する人は，必ず，What made you decide to change jobs? などときかれるはずだ．相手を説得できるよう，自分なりの理由をきちんと整理しておくこと．ただし，I can't get along with the staff members of the company. (会社の人とうまく行かないので) などというのは避けた方がよい．

3 Telephone Operator

The Tulc International Company put an ad in the newspaper for women interested in being English speaking telephone operators. They asked the applicants to telephone first for an interview. Ms. Hara is calling the company.

TIC : Tulc International Telephone Company. May I help you?

Ms. Hara (H) : Yes. Would you please connect me with the Personnel Department?

TIC : Personnel. Ms. Stewart speaking.

H : Good morning. I am calling in answer to your ad in the newspaper for English speaking operators.

Ms. Stewart (S) : Oh, yes. May I have your name, please?

H : This is Toshiko Hara speaking.

S : How old are you, Ms. Hara?

H : I am twenty-three years old.

S : Tell me about your education and working experience.

H : I graduated from Tokyo Junior College and I have been working at the B & W Insurance Company for two years.

S : What did you major in at college?

3　電話交換手

タルク・インターナショナル株式会社では，英語が話せる電話交換手希望の女性を募集する広告を新聞に掲載した．応募要領は，まず会社に電話をかけ，面接を申し込むこととなっている．原さんが，会社に電話を入れている．(Ms. Stewart＝S，原＝H)

TIC：はい，タルク・インターナショナル株式会社でございます．
H：人事課にお願いできますか．
TIC：人事課のスチュアートですが．
H：おはようございます．英語が話せる交換手募集の広告を見てお電話したのですが．
S：あ，そうですか．お名前をおっしゃって下さい．
H：原　俊子と申します．
S：おいくつですか．
H：23歳です．
S：学歴と職歴をお話し下さい．
H：東京短期大学を卒業後，2年ほどB＆W保険会社に勤めております．
S：短大では何を専攻されましたか．

H : My major was English.

S : Did you study English conversation under a native speaker?

H : No, I didn't at college, but I have been attending conversation classes at the American Conversation School for about a year.

S : What kind of job do you have at the insurance company?

H : I am dealing with the computer data base.

S : Your English sounds pretty good. Would you like to come in for an interview?

H : Yes, I would.

S : How about Tuesday at 1:45?

H : That'll be fine.

S : Please bring your résumé and come to Room 850 in the Bayview Building. Ask for Ms. Stewart.

H : That's Room 850 in the Bayview Building, Ms. Stewart?

S : That's right. We'll be looking forward to seeing you then.

H : I will, too. Thank you.

S : Thank you for calling. Good-bye.

H : Good-bye.

(Ms. Hara is now being interviewed by Ms. Stewart after checking her résumé.)

H：英語です．
S：誰か外人について英会話を習ったことはありますか．
H：いいえ，大学ではありませんが，米会話学校というところで，約1年間会話を勉強しています．
S：保険会社では，どういったお仕事をなさっているのですか．
H：データーベースの操作をしております．
S：英語が大変お上手です．面接を受けられるお気持ちはありますか．
H：はい，お願いしたいと思います．
S：火曜日の1時45分ではどうですか．
H：はい，結構です．
S：では，あなたの履歴書を持って，ベイビュー・ビルの850号室にいらして下さい．スチュアートに会いたいとおっしゃって下さればわかります．
H：ベイビュー・ビルの850号室，スチュアートさんですね．
S：ええ，そうです．では，お目にかかれるのを楽しみにしています．
H：私もです．どうもありがとうございました．
S：お電話どうもありがとう．さようなら．
H：さようなら．

(履歴書に目を通してから，スチュアートさんが，原さんにいろいろと質問している．)

S : I see by your résumé that you once lived abroad.

H : Yes, I lived in Germany with my family from 1994 to 1996.

S : Do you speak any German?

H : I can speak a little.

S : Have you studied any other languages besides English and German?

H : I studied French in college.

S : I see. You would be using mainly English in this job. Do you think you can hold your own in most English telephone conversations?

H : Yes, I think I can in ordinary circumstances.

S : Would you be able to do shift work? Sometimes you would have to work the night shift.

H : That's all right. What is the starting salary?

S : We pay ¥150,000 to start. It is our policy to hire on a trial basis. If you have worked out all right, after three months you would be put on the permanent payroll and be given a raise. We give bonuses semi-annually.

H : How about vacations?

S : Our employees have a two-week summer vacation. Do you have any other questions?

H : No, I think that's all.

S : Well, what do you think? Are you interested in the job?

H : Yes, I am.

S：履歴書によると，あなたは以前，外国で暮らしたことがあるようですね．

H：はい，1994年から1996年まで，家族と一緒にドイツに住んでおりました．

S：ドイツ語は話せますか．

H：はい，少し話せます．

S：英語とドイツ語以外の言葉を勉強したことはありますか．

H：大学で，フランス語を勉強しました．

S：そうですか．この仕事では，主に英語を使うことになると思いますが，電話での応対を英語でほとんどこなせますか．

H：はい，ごく普通の会話でしたらできると思います．

S：あなたは交替制で働くことができますか．夜間に仕事をしてもらうこともありますので．

H：大丈夫です．初任給はどのくらいいただけるのでしょうか．

S：最初は15万円です．雇う上で，試用期間をおくのがこちらの方針なのです．きちんと仕事ができれば，3ヵ月して正社員となり，昇給もされます．ボーナスは年に2回支給します．

H：休暇の方は，どのようになっているのでしょうか．

S：こちらでは，2週間の夏休暇がとれます．ほかに質問はありますか．

H：いいえ，ございません．

S：さて，どうでしょう．この仕事に興味がありますか．

H：はい，ございます．

S : We will let you know within two weeks whether we have decided to hire you or not.　You can be sure that we will give your application strict attention.　It has been nice talking with you, Ms. Hara.　Thank you for your interest in the job.
H : Thank you, Ms. Stewart.　Good-bye.
S : Good-bye.

Notes.
──
　applicant [ǽplikənt]＝志願者．**insurance**＝保険．**under**＝(支配, 監督, 保護) のもとに, ～(の指導) に従って．**attend**＝～に出席する．**switchboard** [swítʃbɔːd]＝(電話の) 交換台．**relieve**＝～と交代する．**ask for**＝(人に)面会を求める．**hold**＝(ある状態に)～を保つ．**shift**＝交替．(例) **an eight-hour shift**＝8 時間制．**a day-(night-) shift**＝昼間(夜間) 勤務．**policy**＝やり方, 方針．**on a trial basis**＝(まだ正式に雇うかどうかわからないが) 最初は試してみるということで．**trial**＝試み, 実験．**basis**＝基礎, 土台．**work out**＝苦心してやり遂げる．**permanent**＝常置の, 正規の．**payroll** [péiroul]＝給料支払名簿, 従業員名簿．**strict**＝完全な, 非常な．**attention**＝注意, 関心．

S：あなたを採用するかしないかは，2週間以内に決定し，お知らせ致します．あなたの応募を十分に考慮しましょう．お話を伺えてよかったと思います．どうもごくろう様でした．
H：ありがとうございました．失礼致します．
S：さようなら．

N.B. 外資系企業の場合，本国 payroll のものと，現地（日本）payroll のものと2種類に分けられているのが普通であるから，どちらにしても最終的には，本国の管理者名簿にのるようにしないと，給料や昇進面で外国人と差がついてしまうので，最初によく確かめておくとよい．

4 Announcer

The BCC Television Station needs a young woman to be trained as an announcer for its English language broadcasts in Japan. Ms. Watanabe has sent her résumé and has now come for an interview with Mr. James.

Mr. James (**J**): Thank you for your interest in this position. Why do you consider yourself qualified for this kind of work?

Ms. Watanabe (**W**): Well, I am very much interested in English and dramatics. I would like to be able to use my English ability in doing something creative. I think that television offers the most possibilities for fulfilling this desire.

4 アナウンサー

BCCテレビ局では，日本で放送される英語番組のアナウンサーとなるべき若い女性を募集している．渡辺さんが，履歴書を送り，ジェイムズ氏から面接を受けることになった．(Mr. James＝**J**，渡辺＝**W**)

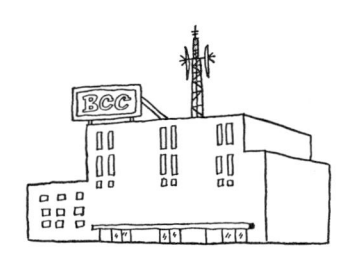

J：この仕事に興味をもっていらっしゃるようですが，なぜこういった職業があなたにふさわしいとお考えですか．

W：はい，私は英語と演劇にとても興味がありますので，何か創造的な仕事で，自分の英語の能力を生かしたいと思っておりました．テレビの仕事では，私のこの希望を実現できる可能性が大いにあると思います．

J : I appreciate that. According to your résumé, you have been teaching English, besides working as a clerk.

W : Yes, I have been teaching English to children in my spare time. I enjoy writing and putting on little plays with them.

J : Would you be interested in producing a television show for children in English?

W : I would like that very much.

J : There is a possibility that something like that can be worked out. Ms. Watanabe, may I ask you to read this English selection aloud?

W : Certainly. (*She looks it over and then reads it aloud.*)

J : Fine. There are a few things I should tell you about the job we have open. You would be expected to do some routine work at first, such as correcting scripts, arranging schedules, staging, costume work, etc.

W : I understand.

J : In other words, the job would not always be exciting. Tell me about your English training.

W : Of course, I studied English in junior and senior high school. I also majored in English at college and was president of the English Speaking Society for two years. Our adviser was an Englishman who assisted us in putting on plays in English. I also took part in round-table discus-

J：よくわかりました．履歴書を拝見しますと，あなたは会社勤めをされているかたわら，英語も教えていらっしゃるようですね．

W：はい，あいている時間を使って，子供達に英語を教えています．ちょっとした劇を書いては，その子供達と一緒に楽しく演じてみたりしております．

J：では，テレビでやるような子供向けの英語劇を作ったりすることに興味はありますか．

W：はい，とても好きです．

J：そういったものを制作する機会は大いにあります．ところで，渡辺さん，この英語の文章を声に出して読んでいただけますか．

W：はい（彼女は，英文にさっと目を通してから，声に出して読む）．

J：結構です．この仕事について，2, 3お話しておかなければなりませんが，最初はたとえば原稿の訂正，予定表の作成，舞台の設置や衣装関係の仕事といった，きまりきったものから始めてもらうことになります．

W：わかりました．

J：つまり，この仕事はそう変化に富んだものではないということです．どのようにして英語を学んだか話していただけますか．

W：中学，高校で勉強したほか，大学でも英語を専攻致しました．2年間，ＥＳＳクラブの部長を務めておりましたが，その顧問の先生は英国の方で，英語劇を上演する時には指導していただきました．また，英語での座談会形式の討論会にも参加したこ

sions in English.

J : Did you ever go abroad?

W : I went on a ten-day tour of England last year.

J : In your résumé you mentioned that you had once worked under the famous film star, Shigeo Matsui. Tell me about that.

W : I belong to an amateur play group. We put on a production of "Our Town" last spring and we asked Mr. Matsui to help us. He kindly lent us his services and we learned much from him.

J : You seem to have a keen interest in dramatics. I think you are the type of person we are looking for. By the way, are you interested in making a career of this or are you planning to work for just a few years?

W : I am hoping to make it my lifetime work. If I marry, I want to continue working.

J : I see. I must tell you that your hours will most likely be irregular, especially at first. Would you be able to work overtime sometimes?

W : Yes, that is satisfactory with me.

J : At first, you would be working as an assistant to the program director. You will be expected to have an interview with him today, as well. The personnel manager also wishes to talk with you. How about the job? Are you

V 個人面接・質問とその答え方（応用編 1）

とがございます．
- **J**：外国に行かれたことはありますか．
- **W**：去年，10日間のツアーで英国に行きました．
- **J**：履歴書には，松井繁夫というあの有名な映画俳優のもとでお仕事をされたとありますが，その時のことについてお話いただけますか．
- **W**：はい，私はアマチュアの演劇グループの会員に入っておりまして，去年の春，『我が町』という作品を上演した時，この松井繁夫さんにご指導をお願いしたのです．松井さんは，親切にお力を貸して下さり，この時，多くのことを学びました．
- **J**：あなたは，本当に演劇の方に興味をおもちなのですね．実はわれわれはあなたのような人を探しております．ところで，将来，ずっとこの仕事を続けていきたいと思っていますか，それとも2,3年で辞めるつもりですか．
- **W**：私はこれを一生の仕事にしたいと思っておりますので，たとえ結婚しても，仕事はずっと続けるつもりでおります．
- **J**：わかりました．お断わりしておきますが，勤務時間は，特に最初のうちは不規則になると思いますが，時々残業することがあっても大丈夫ですか．
- **W**：はい，私の方は結構です．
- **J**：まず初めは，番組のディレクターの助手をしてもらうことになると思いますので，きょう，その方とも面接をしていただきます．人事部長も，お話がしたいと言っております．さて，どう

really interested?

W : Yes, I am. I would like the job if I can be assured of being able to make use of my creativity and drama experience in the future.

J : You can feel assured of that. I will go ahead and set up the appointment with the producer now.

W : Thank you, Mr. James.

Notes.
————————————————————————————
broadcast [brɔ́:dkæst]=放送 (番組). qualified=適任の, 適当な. dramatics [drəmǽtiks]=(pl.) 演劇。 fulfill [fulfíl]=(願望) をかなえる. (要求, 条件) をみたす. put on=上演する. work out=作り出す, 生み出す. selection=抜粋. aloud=声を出して. look over=さっと目を通す. script=原稿. take part in=～に参加する. round-table=円卓での (を囲んでの), 座談会式の. put on production=(劇を) 上演する, 演出する. service=(しばしば pl. で) 尽力, 役立ち. keen=鋭い. make a career of this=これを本業とする. career=生涯の仕事. satisfactory=満足な, 期待どおりの. as well=その上, 加えて. make use of=～を利用する.

ですか，本当にこの仕事に興味がありますか．

W：はい，ございます．将来，私の創造性と演劇を通じて学んだ経験がきっと生かせるのでしたら，是非，このお仕事をさせていただきたいと思います．

J：その点は大丈夫です．では，ディレクターと面接ができるよう取り計らいましょう．

W：ありがとうございました．

N.B.   Why do you consider yourself qualified for this kind of job? (なぜこういった仕事が自分にふさわしいと思いますか)．これもよくきかれる質問の1つ．ただ「好きだから」だけでは通用しない．自分の性格と適性を考え合わせて答えを準備しておくこと．

5 Trading Company

Ms. Mori calls the personnel department of the U.S. Trading Company and asks if they have any vacancies. She is looking for a clerk-typist job in a foreign company. They said that they had a vacancy so an interview was arranged between Ms. Mori and Mr. Raines, the personnel manager.

Mr. Raines (**R**) : May I ask why you are interested in working at our company?

Ms. Mori (**M**) : Yes, I want to work in a foreign company.

R : Is that the only reason?

M : Well, I'd like to have experience speaking English.

R : I see. We can't teach you English here, however. How is your English ability?

M : I passed the second class of STEP test in English.

R : Have you taken English conversation lessons?

M : No, but I studied English in junior and senior high school and in junior college.

R : Did you have any foreign teachers?

M : No, I didn't.

5　貿易会社

森さんは，アメリカ貿易株式会社の人事課に電話をかけ，求人をしているかどうかを尋ねる．彼女は，外資系会社での事務員の職を探している．その会社にちょうど欠員があったので，森さんと人事部長のレインズ氏との面接の日取りが決められた．
(Mr. Raines=**R**，森=**M**)

R：なぜ，この会社を希望されたのですか．
M：はい，外資系の会社で仕事をしたいと思ったからです．
R：理由はそれだけですか．
M：英語を話す環境に行きたいと思っております．
R：そうですか．しかし，ここで英語を教えるわけにはいきませんね．どのくらい英語がおできになりますか．
M：英検2級の試験に合格しました．
R：英会話を習ったことはありますか．
M：それはありませんが，中学，高校，短大で英語を勉強しました．
R：外国人の先生に教わったのですか．
M：いいえ．

R : Have you had any office experience ?

M : No, I have only worked as a waitress in a coffee shop.

R : Have you studied English filing ?

M : Pardon me. I didn't understand.

R : Can you file in English ?

M : I don't know, but I'd be glad to learn.

R : I see. Do you think you could handle telephone calls in English ?

M : If it is ordinary conversation, I think I would understand.

R : In this job you would be expected to answer the phone and sometimes take messages. The job involves a lot of typing and filing.

M : Is it interesting work ?

R : Not always. You would have to expect to do some routine work. Incidentally, do you have any references ?

M : You can call my father.

R : I'd prefer to talk to someone who is not a relative. Could I contact one of your teachers ?

M : Maybe I can ask one of my teachers to send you a letter of recommendation.

R : How long do you intend to work, Ms. Mori ?

M : I'll probably work until I get married, but I'd like to take some time off to travel before settling down.

R：お勤めの経験はありますか．
M：喫茶店でウェイトレスをしたことがあるだけです．
R：英語のファイリングの仕方を勉強されたことはありますか．
M：すみません，何とおっしゃったのでしょうか．
R：英語のファイリングはおできになりますか．
M：よくわかりませんが，覚えていきたいと思います．
R：そうですか．ところで，英語で電話の応対がおできになりますか．
M：ごく普通の会話でしたら，理解できると思います．
R：この仕事では，電話の応対，それから伝言を取ることもよくある他，ファイリングの仕事もかなりたくさんあります．
M：興味のもてる仕事でしょうか．
R：そうとも限りません．きまりきった仕事をして戴くこともありますから．ところでどなたか保証人になって下さる方はおいでですか．
M：父がおりますが．
R：できれば血縁関係でない方にお話を伺いたいので，学校の先生のどなたかに私から連絡がとれますか．
M：恐らく推薦状を書いて下さると思いますので，先生にこちらにお送り戴けるようお願いしてみます．
R：森さんは，何年ぐらい仕事を続けようとお考えですか．
M：結婚するまでは続けるつもりでおりますが，それまでは何日かお休みを戴いて，旅行もしたいと思っております．

R : We prefer our employees to stay for several years at least. Do you have any questions?

M : Are there any social activities for the staff members?

R : No, I'm afraid not. Working here is strictly a business proposition. We expect our employees to work hard and they are paid well for it. We give generous bonuses, too. Would you be able to work every other Saturday?

M : I was hoping to find a job where I wouldn't have to work on Saturdays.

R : I see. Well, frankly speaking, I think we need someone with a little more experience to handle this job. I'm afraid you might have some difficulty with the telephone calls in English. I suggest you study English conversation before you try working in a foreign company.

M : I see. Thank you for talking with me.

R : Thank you, Ms. Mori, for your interest in our company. Good luck to you.

M : Thank you.

R：当社としては，採用する以上，少なくとも 4, 5 年は仕事を続けて戴きたいと思っています．ところで何かご質問はありますか．

M：社員のための同好会みたいなものはございますか．

R：あいにくそういったものはありません．当社ではあくまでも仕事が目的ですから，皆さんに一生懸命働いて戴いて，それだけの報酬を差し上げています．かなりのボーナスも支給しています．土曜日は，隔週ごとに出勤できますか．

M：実は土曜日はお休みを戴けたらと考えていたのですが．

R：わかりました．率直に申し上げまして，この仕事にはもう少し経験のある方が必要なのです．恐らく，あなたの力では英語で電話の応対をするのは少し無理なようですので，外資系の会社で仕事をしたいとお考えでしたら，その前に英会話の勉強をしっかりされた方がいいでしょう．

M：わかりました．お時間をさいて戴いて恐縮です．

R：当社を希望して下さったこと，うれしく思います．森さんのご健闘をお祈りしています．

M：ありがとうございます．

Notes.

　vacancy＝欠員．**second class of STEP test**＝実用英語検定2級の資格．STEP は The Society of Testing English Proficiency の略．**No, I didn't**＝いませんでした．質問の you は「学校の皆さん，あなた方は」という複数だから No, we didn't. というのが正しい答え方．**filing**＝書類のとじ込み整理法．秘書の重要な仕事の1つ．**I don't know.** わかりません．これはあまりいい答え方ではない．ファイリングの仕方を知らないという意味ではなく，やれるかやれないか見当がつかないということ．I'm afraid not. と答えるのが適当．**handle**＝処理する．**incidentally**＝ところで，**reference**＝身元保証人．**relative** [rélətiv]＝血縁者．**contact～**＝～と連絡をとる．**recommendation**＝推薦（状）．**take～off**＝～間の休暇をとる，（仕事を）休む．（例）**take three days off**＝3日間の休暇をとる．**some time**＝ある期間．**settle down**＝落ち着く，家庭を持つ，居を定める．**social activity**＝社交クラブ，クラブ活動．**strictly**＝厳密に言って，まぎれもなく．**a business proposition**＝仕事上の提案．**they are paid well for it**＝それに対して，十分な報酬が支払われる．**pay for**＝～の代価を支払う．**generous**＝十分な．**every other Saturday**＝隔週の土曜日．（例）**every other day**＝1日おき．**frankly speaking**（＝To be frank with you）＝率直に申し上げて．**suggest**＝提案する．この後に続く節では動詞は必ず原形．（例）I suggest he leave now.（彼は今，出発した方がいいと思う）leave に s は不必要．

　N.B.　この面接で，森さんがよい結果を得られなかった理由は，もうおわかりだろう．全体を通じて，森さんはこの仕事をやりたいという意欲，熱意に欠けている．たとえば，May I ask why you are interested in working at our company? という質問に対する答えが，いい加減である．自分の能力も含めて，会社の特色，将来性など，もっと具体的に述べることである．また Have you taken English conversation lessons? ときかれた場合，森さんの答え方では積極性に欠ける．たとえ会話を習っていなくても，I am listening to some radio programs of English conversation every day. とでも付け加えれば，多少英語ができなくても，その努

力，前向きの姿勢は認めてくれるはずである．How long do you intend to work? という質問に対する答えも信頼性がない．しかもまだ就職も決定しない内に「休みをとって旅行したい」などというのは避けるべきである．直接，仕事には関係のないことであるし，その人が一生懸命打ち込んで，仕事をしてくれるという印象も受けないだろう．特にこの試験官は，「仕事は仕事」という厳しい考え方を持っているから，遊び半分の気持ちでは通用しない．面接で挨拶を交わした時点から，できるだけ相手の言葉の端々に気を配り，試験官の人柄，仕事に対する考え方などをつかみ取るよう努力することが大切だ．採用されたいと思ったら，相手の反応を見ながら，それに合った答え方をすることも必要である．

6　Journalist on an English Language Newspaper

The Maicho Times newspaper advertised for a trainee on the newspaper staff. They asked the applicants to send their personal histories in essay form. Ms. Wada has been granted an interview with Mr. Bacon, who is the managing editor.

Mr. Bacon (**B**) : Please sit down, Ms. Wada.
Ms. Wada (**W**) : Thank you.
B : From reading over your résumé, I assume your English is quite good. Have you had any experience in the writing field ?

6　英字新聞記者

毎朝タイムズ社の新聞は，社員の見習生を募集する広告を掲載した．応募要領は，本人の履歴を随筆風にまとめて，郵送することとなっている．和田さんは，面接する資格があると認められ，編集長のベーコン氏に面接を受けている．(Mr. Bacon＝**B**，和田＝**W**)

Thank you.

B：どうぞお座り下さい．
W：ありがとうございます．
B：履歴書を拝見しますと，あなたは英語がかなりおできになるようですが，書く方面での経験がおありですか．

W : No, I haven't had any professional experience, but I have always been interested in creative writing.

B : Have you ever had a foreign instructor in English composition?

W : Yes, my college teacher was an Australian. She was also our adviser on our English language newspaper. I was the editor for two years.

B : That's very interesting. Tell me what you did exactly.

W : Well, I planned the lay-out of the newspaper and then I assigned various articles and columns to other students to write. I wrote the editorial each time.

B : Have you done any translating, Ms. Wada?

W : I do it only as a hobby. I like to translate children's books into Japanese. I am eager to further my ability along this line.

B : Well, we can't exactly teach you here, but we are looking for someone who is willing to work in the journalistic field.

W : Does this job involve much translating from Japanese to English?

B : No, definitely not. We are more interested in finding someone who can write English well. As a trainee, you would be expected to assist in proofreading.

W：いいえ，仕事として書いたことはありませんが，創作にはずっと関心をもっております．

B：外人の先生に，英作文を習ったことはありますか．

W：はい，短大にオーストラリア人の先生がいらっしゃいまして，この先生は，私達が作っている英字新聞の方の指導もして下さいました．私は2年間，その編集を担当しておりました．

B：それは結構ですね．どんなことをされたのか，詳しく話してくれますか．

W：はい，新聞の割り付けを考えたり，いろいろな記事やコラムを他の学生に分担して書いてもらったり致しました．私は，毎回社説を書いておりました．

B：翻訳はしたことがありますか．

W：趣味としてやる程度です．子供用の本を日本語に訳したりするのが好きです．是非この分野でさらに自分の能力を伸ばしていきたいと思っています．

B：それをここで教えるわけにはいきませんが，ジャーナリストの仕事に積極的に取り組んでくれるような人を探しています．

W：この仕事では，日本語を英語に訳すことが多いのですか．

B：いいえ，それはないですね．むしろ英語がうまく書ける人を探しています．見習生として，校正の方もやってもらうことになるでしょう．

W : I understand that.

B : I see that you got very good grades in English all through school. Do you feel quite confident about your knowledge of English grammar?

W : Yes, I think I know it reasonably well.

B : What is your aim in going into the field of journalism?

W : To be frank with you, I would like nothing better than to be an overseas reporter some day.

B : That can be a rough job, you know.

W : Yes, I know that. But I like adventure and excitement in my writing.

B : Well, working in an editorial office may not be exciting enough for you. What do you think?

W : I would be glad to do routine work sometimes, if I could be assured of making advancement in the future.

B : I think this type of position would be a very good start for you. About how long do you think we can depend on your working here? We don't want to hire and train someone who is going to quit in a year or two.

W : If I like the job and I feel I am making progress in newspaper work, I would stay until I reach the age limit.

B : I see. I think you are familiar with our salary scale, hours and added benefits.

W：そうですか．
B：学校ではずっと英語がとてもいい成績だったようですね．英文法の方は，ご自分でもよく理解していると思いますか．
W：はい，かなりよくわかっているつもりです．
B：どういった目標をもって，ジャーナリズムの世界に入りたいと思っていますか．
W：正直に申し上げますと，いつの日か，海外特派員になりたいと思っています．
B：でも，それは大変な仕事ですよ．
W：はい，存じておりますが，私は記事を書くために危険を冒したり，スリルに満ちた経験をしてみたいと思っています．
B：しかし，編集部での仕事は，そう波乱に満ちたものではないかも知れませんね．その点どうお考えですか．
W：はい，将来生かせるための勉強の積み重ねでしたら，きまりきった仕事も喜んでさせていただきたいと思います．
B：そういった仕事から始めるのは，あなたにとって大変いいことだと思いますが，ここではどのくらいの期間，仕事をしてもらえますか．1,2年で辞めるつもりでいる方を雇って，訓練しても仕方がありませんから．
W：仕事が気に入り，その方面で自分が確実に伸びていると思えれば，定年まで仕事をさせていただくつもりでおります．
B：わかりました．給料や勤務時間，その他の待遇の方は，もうよくご存知だと思いますが．

W : Yes, I am.

B : I am quite sure we can work something out for you, but I cannot give you a definite answer today. We will let you know within just a few days.

W : Fine. Thank you very much, Mr. Bacon.

B : You're welcome. It was a pleasure talking with you.

Notes.

trainee=訓練を受ける人, 見習生。 in essay form=随筆風に. essay =随筆, instructor=教師, 講師. composition=作文. editor=編集者 (長). lay-out=(新聞, 広告, 本など) 割り付け, レイアウト. assign =〜を割り当てる. editorial=編集の. eager=熱望して, しきりに〜し たがって. line=(進む) 方向, 進路. further=〜を進める. be willing to=〜するのをいとわない. involve=〜を含む. proofreading=校正, grade=成績. confident=(才能などに) 自信のある. reasonably=か なり, aim=目的, 目標. to be frank with you=率直に言って. like nothing better than to〜=〜するより好きなものはない, 一番したい ことは〜. rough=体力を必要とする, routine [ruːtíːn]=きまりきっ た (仕事). advancement=前進, 進歩. depend on=〜に頼る. quit= 辞職する. progress=発展, 向上. the age limit=定年.

W：はい，存じております．
B：あなたのご希望がかなうよう，検討させて戴きますが，きょうはまだはっきりと申し上げるわけにはいきません．2, 3日以内に結果をお知らせ致します．
W：結構です．本当にどうもありがとうございました．
B：いいえ，お話を伺えてよかったと思います．

N.B.　　What is your aim in going into the field of 〜? ときかれることも多い．職業観と合わせて，熱意と誠意を持って答えられるように自分の考えをまとめておくこと．

7 Clerk

The Fair Cosmetics Company registered with the Tops Employment Agency and asked them to find a clerk to work in their company. Ms. Suda, who just graduated from junior college, goes to the employment bureau and asks about job opportunities.

At Tops Employment Agency
Ms. Grimes (G): May I help you?
Ms. Suda (S): Yes, I am looking for a job as a typist in English.
G : Would you be willing to take a typing test?
S : Yes, I would.
   (She takes the test and succeeds in typing 50 words per minute in the word processor.)
G : You can handle the personal computer pretty well. Can you do English filing?
S : Yes, I studied it in school.
G : Have you ever taken English conversation lessons?
S : Yes, I have. I studied in England for two years.
G : I see. Well, I have a job here at the Fair Cosmetics Com-

7 事務員

トップス職業紹介所に登録しているフェア化粧品株式会社は，事務員の求人を依頼した．一方，短期大学を卒業したばかりの須田さんが，その職業紹介所に行き，何か仕事があるかどうかを尋ねる．
(Ms. Grimes＝G, Mr. Hess＝H，須田＝S)

（トップス職業紹介所にて）
G：何でしょうか．
S：私，英文タイピストの職を探しているのですが．
G：タイプのテストをお受けになりますか．
S：はい，お願いします．
　　（須田さんはテストを受け，無事，1分間に50語，ワープロに打つことができる．）
G：パソコンの扱いはかなりいいですね．英語のファイリングはできますか．
S：はい，学校で勉強しましたので．
G：いままでに，英会話レッスンを受けたことはありますか．
S：はい英国で2年間勉強しました．
G：そうですか．実は，フェア化粧品会社から依頼されているのですが，この会社ではちょうどいま英語が話せる女性の事務員を探していますので，申し込んでみますか．

pany. They are looking for a woman as a clerk who can speak English. Would you be interested in applying for the job?

S : Yes, I'd like to give it a try.

G : All right. I'll set up an appointment with you. Can you go there now?

S : Yes, I can.

(Ms. Grimes calls the Fair Cosmetics Company and tells them that Ms. Suda will be coming soon.)

G : Please go to this address and ask for Mr. Hess.

S : Thank you very much.

(At the Fair Cosmetics Company.)

S : Ms. Grimes of the Tops Employment Agency sent me over to see about the job you have open.

S：はい，是非お願いします．
G：わかりました．では，面接の約束をお取りしましょう．いますぐ，あちらに行けますか．
S：はい．
　　（グライムズさんが，フェア化粧品会社に電話をかけ，須田という女性が間もなくそちらに行く旨を伝える．）
G：この住所のところに行かれて，ヘスさんという方に面会を申し込んで下さい．
S：どうもありがとうございました．
　　（フェア化粧品会社にて）
S：こちらの会社で募集していらっしゃる仕事の件で，こちらに参るようトップス職業紹介所のグライムズさんからおききしたのですが．

Mr. Hess (**H**) : Yes, You are Ms. Suda ?

S : That's right.

H : Have you had any office experience ?

S : No, I haven't. I had a part-time job in my father's law office one summer.

H : What did you do there ?

S : I'm afraid I did only menial jobs, such as serving tea, tidying up the office, answering the telephone and a little filing.

H : Did you use English there ?

S : Not very often, but sometimes someone would call in English on the phone and once in a while I greeted visitors in English.

H : Your job here would be mostly corresponding in English. You would also have to file and sometimes run errands and answer the phone. In other words, you would be a kind of "girl Friday."

S : That's fine. I don't like routine work. By the way, what hours would I work ?

H : Your hours would be from nine to five with an hour for lunch. We have two coffee breaks.

S : What about the salary ?

H：ああ，須田さんですね．
S：はい，そうです．
H：お勤めのご経験はありますか．
S：いいえ，ございませんが，1度夏に，父の法律事務所でパートタイムの仕事をしたことはあります．
H：そこでは何をしておられたのですか．
S：ほとんど雑用といいましょうか．お茶を出したり，事務所の片付けや電話の応対，それに少しばかり書類の整理をしただけです．
H：そこでは英語を使いましたか．
S：そう多くはないのですが，時々英語の電話がかかることもありましたし，お客様に英語で応対することも，たまにございました．
H：ここでの仕事は，英文の手紙のやりとりですが，ほかにファイリングをしたり，時には使い走りに行ってもらうこともあります．言うなれば，一種の「よろず屋社員」とでもいうところでしょうか．
S：はい，結構です．私はきまりきった仕事は好きではありませんので．ところで，勤務時間はどのくらいでしょうか．
H：9時から5時となっていますが，そのうち，1時間昼休みがあります．休憩時間は2回あります．
S：お給料の方はいかほどでしょう．

H : You would be paid ¥160,000 to start and after three months you would get a raise, if your work is satisfactory.

S : Do you have any fringe benefits?

H : We give a Christmas bonus, a two-week vacation each year, free health insurance, and you would be entitled to a 50% discount on all cosmetics.

S : It sounds good.

H : If we were to hire you, when would you be able to start working?

S : I can start working anytime.

H : I will think it over and call you as soon as I have made my decision. Thank you for coming in and talking with me.

S : Thank you.

Notes.

register [rédʒistər]＝登録する．**employment agency**＝職業紹介所．job center とも呼ぶ．**apply**＝志願する．申し込む．**give it a try**＝試しにやってみる (it は試しにやってみるその物事を指す)．**Ms. Suda will be coming soon.**＝須田さんがすぐにそちらに参ります．「そちらに行く」は come. go なら「他の方向に行く」ことになるからこの場合は不適当．**send over**＝～を派遣する．**part-time job**＝パートタイムの仕事．side job は本職をもった人が別に内職をする時の表現．part-time job と区別する必要がある．**menial** [míːniəl]＝小間使いのするような，大したことではない．**tidy** [táidi] **up**＝片付ける．**someone would call**～＝誰かがよく電話をかけたものです．would は過去の習慣を表わす．**correspond** [kɔ̀ːrispánd]＝書簡をやりとりする．**run errands**＝使い走りを

H：初任給は16万円ですが，3ヵ月たって，仕事がこなせるようであれば昇給されます．

S：お給料以外の特典というようなものはございますか．

H：クリスマスにボーナスが支給されるほか，1年に2週間の休暇がとれます．健康保険もあり，それに化粧品がすべて50％安く買えるという利点もあります．

S：それは結構なお話です．

H：もし採用されるとすれば，いつから仕事につけますか．

S：いつでも結構です．

H：では，検討した上，結論がでましたらすぐにお電話しましょう．どうもごくろう様でした．

S：ありがとうございました．

する．go on an errand とも言う．**girl Friday**＝忠実なしもべ．Friday は，デフォー作『ロビンソン・クルーソー』に登場するクルーソーの忠実なしもべ，ここでは a man Friday（忠僕）の man を girl におきかえたもの．**fringe benefits**＝特別手当および待遇（勤労者の年金，有給休暇，健康保険など）．**cosmetic**＝化粧品．**make one's decision**＝決定する．

8 Secretary in a Foreign Financial Company

> The Overseas Investment Company is looking for a secretary for the office manager. They called the Kanto Business School and asked them to recommend one of their recent graduates. The college sent Ms. Takeda's personal history to them and arranged an interview. Now Ms. Takeda is being interviewed by Mr. Davis, the office manager.

Mr. Davis (**D**): What kind of job are you interested in, Ms. Takeda?

Ms. Takeda (**T**): I want a job in which I can use English. I would also like to be able to have some responsibility in my work. I don't want to do boring work all day long.

D : I can appreciate that. Well, let me tell you about this position. I need someone who not only can take dictation and transcribe it well, but I would expect my secretary to be able to work independently and take over some of my ordinary responsibilities such as answering routine correspondence, taking phone calls for me, and sometimes assisting me with personal business affairs.

8 秘書—外資系企業

オーバーシーズ・インベストメント株式会社が，部長秘書を探しているため，関東ビジネススクールに電話を入れ，新卒者の中から適当な人を推薦して欲しいとの依頼をした．学校側が竹田さんの履歴書を会社に送り，面接の日取りを決めた．竹田さんはいま，部長のディビス氏より面接を受けている．(Mr. Davis= D，竹田= T)

D：竹田さんは，どういった職業に興味をおもちですか．
T：はい，英語を使える仕事につきたいと思っております．それと同時に，何か責任のある仕事ができたらと思います．一日中，退屈な仕事をして過ごすのは，性に合いませんので．
D：そうおっしゃっていただけると有難いですね．この仕事について，是非お話しておきたい点は，私が口述したことを書き取れ，その速記をじょうずに普通の文に直せるというのはもちろんのこと，私が期待する秘書というのは，自分の判断できちんと仕事をこなし，たとえば，きまりきった手紙の返事などは，私に代わって処理でき，また代理で電話をかけてくれるほか，時には，私の個人的な物事でも，助言者となり得る人でなければならないということです．

T : Yes, I see. In my previous job, I was in the System Engineering Department.

D : Have you had any experience as a guide?

T : Well, not exactly. I have shown some of my foreign friends around Tokyo.

D : Once in a while we have a visitor from abroad and I would like to be able to ask my secretary to take them shopping and sightseeing.

T : I think I would like that.

D : May I ask why you left your last job, Ms. Takeda?

T : I thought there wasn't any opportunity for advancement there. I decided to quit working and take a secretarial course at the business college so as to increase my office skills.

D : How was your absentee record in your previous job?

T : I was seldom absent or late for work.

D : That's good. Are you familiar with the investment field?

T : No, I'm afraid I'm not. We studied about stocks and bonds in our Business English Course at school. I'd be willing to learn.

D : That's the important thing. By the way, are you married now?

T : Yes, I am. We have been married for five years and we have one daughter aged three.

T：はい，よくわかります．私の前の仕事では，システム・エンジニアリング部にいました．

D：ガイドをしたご経験はありますか．

T：ガイドをやったというほどではございませんが，外国人のお友達を何人か，東京周辺に案内したことはあります．

D：たまに外国からお客様がみえることがあるので，秘書になる方には，その人達を買い物や見学に案内してほしいと思います．

T：喜んで致します．

D：竹田さんは，なぜ前のお仕事を辞められたのですか．

T：はい，その会社にいても，将来が限られていると思いましたので，思いきってその仕事を辞めて，ビジネス専門学校の秘書科に入り，事務処理の方の才能を伸ばしてみようと決心致しました．

D：前の会社での欠勤日数はどのくらいでしたか．

T：ほとんど欠勤したことも，遅刻したこともございません．

D：それは結構ですね．投資についての知識はお持ちですか．

T：いいえ，そちらの方はよく存じませんが，株式と債券については，学校のビジネス英語の講座で勉強致しました．これから進んで知識を深めていきたいと思います．

D：それは大切なことですね．ところで，あなたは結婚なさっているのですか．

T：はい，5年前に結婚致しまして，3歳になる娘が1人おります．

D：仕事の上で，何らかの支障をきたすということはありませんか．

T：いいえ，決してそのようなことはございません．主人は，私が仕事をすることに大賛成です．娘も毎日，託児所に行かせておりますし，病気の時には，母が面倒を見てくれると申しております．

D : I wonder if this would interfere with your career in any way.

T : No, I'm sure not. My husband is in complete agreement with my working. My daughter goes to a child-care center every day. In case of illness, my mother has said she would take care of her.

D : I see. We work a five-day week and there is rarely any overtime. The salary would be ¥180,000 to start and raises would be given according to your ability. Do you have any questions?

T : Do you use a dictaphone?

D : No, I prefer giving direct dictation. Have you had experience with word processors, "Mac" and "Windows"?

T : Yes, I have.

D : Well, how do you feel about the job, Ms. Takeda?

T : I think it sounds like what I am looking for.

D : How can I contact you about our decision?

T : You can call me at this number between four and six in the afternoon.

D : Thank you. You should be hearing from us within a few days.

T : Thank you, Mr. Davis.

D：わかりました．こちらは週休二日制で，残業はほとんどありません．初任給は 18 万円ですが，能力によって昇給されます．何かご質問はありますか．

T：速記用のディクタフォンはお使いになっていますか．

D：直接，秘書に口述する方がいいので，使っていません．ワープロはマックやウインドウを扱った経験がありますか．

T：ございます．

D：この仕事をどう思われますか．

T：はい，私が探していた通りのお仕事のように思います．

D：結果は，どのようにしてお知らせしたらよろしいですか．

T：私は，午後 4 時から 6 時の間でしたら，この電話番号のところにおります．

D：わかりました．2, 3 日以内にご連絡致します．

T：ありがとうございました．

Notes.

　investment＝投資．**recommend**＝～を推薦する．**responsibility**＝責任．**boring**＝退屈な．**I can appreciate that**＝それはありがたいことです（それは結構なことです）．**appreciate**＝～をありがたく思う．**take dictation**＝口述されたものを書き取る．**dictation**＝口授．**transcribe** [trænskráib]＝(速記を) 普通文字に書き直す．**independently**＝独力で，人に頼らずに．**take over**＝引き受ける．**ordinary**＝普通の．**previous**＝前の．**secretarial** [sèkritéəriəl]＝秘書の．**absentee** [æ̀bsəntí:]＝欠席(勤)者．**stock**＝株式．**bond**＝債券．**interfere** [intəfíər]＝妨げる．**career** [kəríər]＝職業．**in any way**＝何かの方法で．**a child-care center**＝託児所．**in case of**＝～の場合には．**dictaphone** [díktəfoun]＝速記用口述録音機．**manual**＝手の．**decision**＝決定．

9 Stenographer in a Foreign Company

Ms. Shimizu has seen an ad in an English language newspaper for a steno in an American sporting goods company. She sent her résumé and is now being interviewed.

Mr. Peters (P): Won't you sit down, Ms. Shimizu?

Ms. Shimizu (S): Thank you.

P : According to your personal history, you have had some experience working in a foreign company.

S : Yes, I worked at the Crown Oil Company for three years.

P : May I ask why you left?

S : I felt the job was not challenging enough. I used only word processors there.

P : What are your qualifications for being a stenographer?

S : I can take shorthand at 80 w. p. m. I have been studying shorthand at evening school for two years.

P : Have you ever used a dictaphone?

S : No, I haven't.

P : It is not difficult if you feel fairly confident about your

9 外資系ステノグラファー

清水さんは，英字新聞で，アメリカのスポーツ用品の会社が速記者を募集しているのを知った．彼女は履歴書を送り，いま面接を受けている．(Mr. Peters＝P，清水＝S)

P：お座り下さい．
S：ありがとうございます．
P：履歴書によると，外国の会社に勤めた経験がおありのようですね．
S：はい，3年間，クラウン石油会社に勤めておりました．
P：なぜ，お辞めになったのですか．
S：そこでは，ただワープロばかり使っておりましたので，あまり自分を試す機会がないように思ったからです．
P：あなたのどういった点が，ステノグラファーに向いているとお考えですか．
S：はい，私は1分間に，速記でしたら80語書き取ることができます．速記は，夜間学校で2年ほど勉強しております．
P：速記用のディクタフォンを使ったことはありますか．
S：いいえ，ございません．
P：英語にかなりの自信を持っていれば，別にむずかしいものでは

English. Tell me about your English education.

S : Well, I had the usual English studies in junior and senior high school. I majored in English Literature in college. We had English conversation classes, too.

P : Have you done much traveling?

S : I went to California one summer while I was in college. I studied English conversation at a school in Los Angeles for six weeks.

P : Would you consent to take a shorthand test today?

S : Certainly.

(*She takes the test and does satisfactorily.*)

P : Thank you. That's fine. Tell me, Ms. Shimizu, what do you consider important when looking for a job?

S : I think the most important thing is doing interesting work. Pleasant working conditions with a cooperative staff is also important to me. I want a job in which I can respect the people I work with.

P : I appreciate that. We are looking for a dependable and well-qualified person. Money is no object if we can find a suitable employee.

S : May I ask if there would be any Saturday work?

P : No, we don't work on Saturdays. By the way, where do you live, Ms. Shimizu?

ありません．あなたが受けた英語教育についてお話いただけますか．
S：はい，中学と高校の授業で勉強したほか，大学で英文学を専攻致しました．英会話の講義も取りました．
P：よく旅行はなさいましたか．
S：大学時代の夏休みに１度，カリフォルニアに行き，ロスアンゼルスの学校で６週間，英会話を勉強致しました．
P：きょう，速記のテストを受けていただけますか．
S：はい，もちろん．
　　（彼女はテストを受け，かなりよい成績を取る．）
P：ごくろう様．結構です．ところで，清水さんは仕事を探す際，何が大切だと思いますか．
S：はい，興味の持てる仕事をするということが，一番重要だと思います．また，社員みんなが協力的で，気持ちよく仕事のできる職場であることも大切だと思っています．同じ職場で一緒に働く方達を尊敬できるような仕事につけることを希望しております．
P：その通りですね．こちらでは，信頼できる，しかるべき資格のある女性を探しているわけですが，誰かふさわしい人が見つかれば，お金の方は問題ではありません．
S：土曜日に仕事をすることもあるのでしょうか．
P：いいえ，土曜日は仕事はありません．ところで，お住まいはどちらですか．

S : I live in Fujimigaoka. It takes about an hour to get here by train.
P : Do you live with your family?
S : Yes, I do. I live with my mother and brother. My father is dead.
P : I see. We put much importance on regular attendance and punctuality. Would you like to ask me any questions?
S : Does your company deal in all kinds of sporting goods?
P : Thank you for your interest. We sell mainly ski and tennis equipment. We also have a complete line of ski and tennis clothing. Are you interested in sports?
S : Yes, I like skiing very much. That is one reason I applied for this job.

S：富士見丘に住んでおります．こちらまで電車で1時間かかります．
P：ご家族と一緒ですか．
S：はい，母と弟の3人暮らしです．父は亡くなりました．
P：そうですか．当社は，出勤時間はもちろん，すべて時間厳守をモットーとしています．何かご質問はありますか．
S：こちらの会社では，あらゆる種類のスポーツ用品を扱っていらっしゃるのですか．
P：よくきいてくれました．この会社では，スキーとテニス用具を主に販売していますが，同時に，既製のスキーやテニスウエアも扱っています．スポーツはお好きですか．
S：はい，スキーが大好きです．それが，この仕事を希望した1つの理由でもあります．

P : I see. That would be an asset in working here. We would very much like to consider you for the position. May I call you at your home about our final decision?

S : Yes, please. My telephone number is 5600-8824.

P : All right. We'll be in touch with you soon. Thank you for coming in today.

S : It was my pleasure. Thank you, Mr. Peters.

P : Not at all.

Notes.
──

stenographer [stenágrəfər]=ステノグラファー, 速記者. steno [sténou]=stenographer の略. qualification=資格, 能力. shorthand [ʃɔ́:rthæ̀nd]=速記. take shorthand=速記する. fairly=かなり. confident=(才能に) 自信のある. consent [kənsént]=(提案に) 同意する (=agree), (依頼などを) 承諾する. dependable=信頼できる, 頼もしい. no object=問題ではない. put much importance on=〜を重んじる. attendance=出勤. punctuality=時間厳守. deal in=〜を売る. goods=(pl.) 商品. Thank you for your interest.=興味を持ってくれてありがとう, よく関心を持ってくれました. equipment [ikwípmənt] =用品. a complete line=仕入品の完備. complete=全部そろっている. line=品物の種類, 在荷. asset [ǽset]=利益となる事柄. in touch with 〜=〜と連絡を取って, 接触して.

P：そうですか．ここで仕事をする上で，役に立つでしょう．是非あなたにこの仕事をしていただきたいと思いますが，最終的な結果はお宅の方へお電話してよろしいですか．

S：はい，お願い致します．電話番号は 5600-8824 です．

P：わかりました．すぐにご連絡致します．きょうは，どうもごくろう様でした．

S：こちらこそ，ありがとうございました．

P：どういたしまして．

N.B. What do you consider important when looking for a job? (仕事を探す上で，重要なことは何だと思いますか)，あるいは，同じような意味で，What do you feel are the most important things to look for when taking a job? ときかれることも多い．(1)仕事に対する満足感，(2)会社の安定性，(3)職場の雰囲気，(4)昇進および給与などがその答えとして挙げられるが，これも自分なりの返答を用意しておくことが大切だ．

10　Foreign Bank Staff Member

The Bank of New York in Tokyo called the Ready Employment Bureau because they were seeking a trainee staff member. The employment bureau sent Ms. Iida to talk with the bank manager, Mr. Warren.

Mr. Warren (W): I see by your résumé that you have just graduated from college. I assume you haven't had any working experience. Is that right?

Ms. Iida (I) : That's right. I've only had some part-time jobs working in coffee shops or department stores.

W : Well, experience is not important in this job. We are looking for an employee we can train to be a teller. By the way, what were your best subjects in college?

I : I liked English very much.

W : How about math? Do you like to work with figures?

I : Yes, I liked math in school.

W : Can you use an abacus?

I : I can use an abacus fairly well.

10 外資系銀行員

ニューヨーク銀行東京支店では,見習い行員が必要となり,レディ職業紹介所に電話をかけた.紹介所は,飯田という女性を紹介し,支店長のウォレン氏と面談することになった.(Mr. Warren＝W,飯田＝I)

W:履歴書を拝見しますと,あなたは学校を卒業したばかりのようですが,そうするとお勤めのご経験はないわけですね.
I:はい,ございません.喫茶店やデパートでアルバイトをしたことがあるだけです.
W:そうですね,経験はあまり重要視されませんが,出納係を担当してもらう行員を探しています.ところで,学校ではどの科目が得意でしたか.
I:英語です.
W:数学はどうでしたか.数字を扱う仕事はお好きですか.
I:はい,数学の授業は好きでした.
W:そろばんは使えますか.
I:かなり使いこなせます.

W : We are interested in finding someone who is alert and is quick at figures. Do you like meeting the public?

I : Yes, I enjoy working with people.

W : We have very pleasant working conditions and I think we have a fine staff to work with. You would be assigned an experienced employee to help you. She would be responsible for training you.

I : About how long would it take to become a teller?

W : It all depends on the individual's ability. Some people become good tellers within three months. It takes as long as a year for some to become good at it. Ability in speaking and understanding English is very important. Have you studied English conversation?

I : Yes, I had a foreign tutor for two years. I had a lesson under her once a week.

W : What nationality was your teacher?

I : She was an American. Would I be using English every day in this job?

W : Yes, many of our customers are Americans so you would be speaking English with most of them. Do you know anything about various kinds of savings and checking accounts?

I : No, I'm afraid I don't. I'd be glad to learn.

W：当社では，計算に長けた人を探しています．それから，あなたは人に接することはお好きですか．

I：はい，他の方達と一緒にお仕事をさせていただくのは大好きです．

W：この職場はとても雰囲気がよく，しかもここで仕事をしている人達は，皆さん優秀な人ばかりだと思います．あなたには仕事を見てくれる経験者が1人つくはずなので，その人が責任もって仕事を教えてくれます．

I：1人前の出納係になるには，どれくらいかかるのでしょうか．

W：全く本人の能力次第です．中には3カ月もかからずに，りっぱな出納係になる人もおりますし，また1年近くかかる人もいます．英語を話し，理解する力がとても重要になりますが，英会話を習ったことはありますか．

I：はい，2年間外国人の先生について，1週間に1度個人レッスンを受けておりました．

W：その先生の国籍はどちらだったのですか．

I：アメリカ人でした．このお仕事では，毎日，英語を使うことになるのでしょうか．

W：そうなります．この銀行のお客様はアメリカ人が多いので，たいていの場合，その方達を応対していただくことになります．あなたは何種類もある預金口座や，当座預金について，多少とも知識をおもちですか．

I：あいにく何も存じませんが，進んで覚えていきたいと思っております．

W : That's a good answer. I appreciate your being frank.

I : I'm glad to hear that. May I ask about the pay?

W : Certainly. Employees with no previous working experience make about ¥140,000 to start. Raises are given regularly to those who work out well.

I : Would I have to work overtime very often?

W : Not very often. If you do, you would be paid time and a half. There is no Saturday work. Would you be able to start working right away?

I : I would be available after the 20th of this month. I have planned to take a trip for a week with my friends.

W : I see. Well, what do you think about the job, Ms. Iida?

I : I would like to think it over and talk with my parents about it.

W : That's a good idea. We will keep in touch with you. I appreciate your interest in the job.

I : It has been a pleasure talking with you, Mr. Warren. Thank you.

Notes.─────────────────────────────────
　seek=～を得ようと努める，求める．assume=もちろんのことと考える．～を推測する．a person we can train to be ～=a person whom we can train to be ～(～として訓練することのできる人). train=教育を施す．teller=(銀行の) 金銭出納係．math=mathematics (数学)，語尾に s がつくが単数扱い．figure=数字．abacus [ǽbəkəs]=そろばん．require=要求する．alert=機敏な，すばしこい．be quick at figures=計算が

V 個人面接・質問とその答え方（応用編 1）

W：それはいい心掛けです．あなたの素直な性格がいいですね．

I：ありがとうございます．お給料についてお伺いしてもよろしいでしょうか．

W：ええ，勤めた経験のない行員の場合には初任給は14万円ですが，仕事がこなせるようであれば，定期的に昇給されます．

I：残業は多いのでしょうか．

W：そう多くはありませんが，残って仕事をした場合には，残業手当が支払われます．土曜日はお休みです．すぐに仕事を始められますか．

I：今月の20日過ぎからでしたら大丈夫です．実は，1週間ほど友達と旅行する計画を立ててしまったものですから．

W：わかりました．さて，この仕事についてどう思われますか．

I：よく考えさせていただいて，両親とも相談してみたいと思います．

W：結構です．では，またご連絡致しましょう．どうもごくろう様でした．

I：お話，楽しくお伺い致しました．ありがとうございました．

早い．**meet the public**＝人々に接する．**individual**＝個人の．**become good at ～**＝～に熟練する．**tutor** [t(j)úːtər]＝家庭教師．**nationality**＝国籍．**customer**＝客，取引先．**savings account**＝預金口座．**checking account**＝当座預金（預金者の振り出す小切手により払い戻しを行なう形態を言う）．**appreciate**＝よいと思う．**previous**＝前の．**regularly**＝定期的に．**time and a half**＝残業手当．**right away**＝（米国）直ちに，すぐに．**think over**＝～をよく考える．**keep in touch with ～**＝～と連絡をとる．

VI 個人面接・質問とその答え方

応用編2

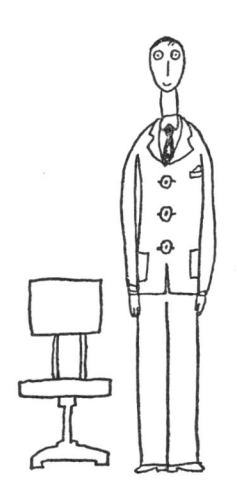

1 Flight Attendant

Hidehiko Komori is applying for a job as an airlines flight attendant. He has submitted a résumé to the Eastern World Airlines Company, and has been called up for an in-person interview. He is now being interviewed by Mr. John Smith, the Tokyo office personnel manager.

Mr. Smith (S) : Sit down, Mr. Komori. Now, tell me why you are interested in working for Eastern World.

Mr. Komori (K) : Well, I like traveling and I like people. I flew to Europe on an Eastern World plane two summers ago, and I was impressed with the job the flight attendants were doing. They kept people comfortable and relaxed through the flight, and helped us enjoy the trip. I'd always thought of flight attendants as women before, but the stewards on that flight were very helpful, and I thought, "I'd like to do something like that."

S : And just from that one experience....

K : Oh, no! (*smiles*) I came back to Tokyo after vacation and thought about it. And then I did some research on airline

1 (男性) 客室乗務員

小森日出彦さんは，客室乗務員になることを希望している．小森さんは，イースタン・ワールド航空会社に履歴書を送り，個人面接をするということで，会社から電話をもらった．いま，小森さんは，東京支社の人事部長，ジョン・スミス氏より面接を受けている．
(Mr. Smith＝S，小森＝K)

S：お座り下さい．さて，なぜこのイースタン・ワールド社の仕事に興味をもたれたのですか．

K：はい，私は旅行や人に接することが好きだからです．また，2年前の夏に，貴社の飛行機でヨーロッパに行ったのですが，その飛行機に乗っていらした乗務員の方々の仕事振りを見て，大変感銘を受けました．乗客がゆったりくつろげるよう，飛行中ずっと気を配って下さり，お蔭様で楽しい旅行ができました．それまでは，乗客の世話をするのは，女性の仕事かと思っておりましたが，あの飛行機に乗っていらっしゃったスチュワードの方達がとても親切でしたので，私もそういった仕事をしてみたいと思いました．

S：そのたった1回きりのご経験を通じて……．

K：いいえ，(微笑む) 休暇が終わり，東京に戻ってきてからも考えてみました．航空関係の仕事の内容や待遇などを自分で調べてみたり，また私の友達の知っている人に，スチュワードとして

jobs and conditions. I even got a friend to introduce me to a friend of his, who works as a steward on one of Japan's big airlines.

S : And what did you find out?

K : That the hours are long and the pay isn't as good as some other jobs, but that stewards get a chance to meet a lot of interesting people and travel. And that if a flight attendant is good at his job, he may get a chance at doing other work in the airline company.

S : That's a fair description. And you think that's the kind of work you'd enjoy.

K : Yes, I do.

S : You say you like working with people. A flight attendant also need ability in foreign languages. What languages do you speak?

K : Well, of course my native language is Japanese, and I'd say my second language is English. I studied French in school, and my accent isn't very good, but I can make myself understood. And last winter I got interested in Chinese and took a six-month night course in Cantonese. I'm not fluent, but I can say a few simple things.

S : I saw from your dossier that you speak Chinese. It was quite a surprise.

日本の大手の航空会社で働いている人がいるというので、その人に紹介してもらったりもしました．
S：その結果どうでしたか．
K：はい、勤務時間も長く、ほかの仕事に比べて待遇の方はあまりいいとは言えませんが、興味のある人達に大勢会えますし、旅行するチャンスも多いということを知りました．しかも、もし客室乗務員としてりっぱに仕事ができれば、この会社の中で、ほかの仕事につける可能性もあるということがわかりました．
S：なかなかよくお分かりになられたようですね．そういった仕事なら、楽しくできるとお考えになっているわけですね．
K：はい．
S：ところで、あなたは人に接することが好きだとおっしゃいましたね．客室乗務員は、外国語ができなくてはなりませんが、何語が話せますか．
K：はい、母国語はもちろん日本語ですが、次に話せる言葉は英語だと思います．学校ではフランス語も勉強しましたので、アクセントはどうもうまくできませんが、自分の言いたいことは相手に理解してもらえます．それから、去年の冬にちょっと中国語に興味をもちまして、夜間ですが、6ヵ月間の広東語の講座を取りました．流暢ではありませんが、簡単なことでしたら、ほんの少し話せます．
S：中国語がおできになると、履歴書に書いてありましたので驚きました．

K : Well, actually I started studying Chinese after I got interested in working for an airline.

S : Do you have any questions you'd like to ask me?

K : Yes, I'd like to know a little more about your fringe benefits and salary scale.

S : Starting salary is ¥200,000 a month, with raises after the first six months according to ability. Full health insurance, three weeks' paid vacation to start, and then of course the usual travel discounts for airline employees.

K : What is your policy on bonuses?

S : We don't offer twice-yearly bonuses the way so many Japanese companies do, but our pay scale is slightly higher. There's a yearly Christmas bonus, but that is usually less than ¥800,000. Is that agreeable with you?

K : Yes, that's about what I expected.

S : All right, then. We'll certainly consider your applicaton.

K：実を申しますと，中国語は航空会社で働きたいと思うようになってから，勉強を始めたのです．

S：何かご質問はありますか．

K：はい，特典や待遇，また給与の額などをもう少し詳しく知りたいのですが．

S：初任給は月20万円ですが，6ヵ月たったら能力に応じて昇給されます．それから，健康保険や，最初は年に3週間の有給休暇があるほか，当然のことながら，従業員は航空券の料金が割引になります．

K：ボーナスの方は，どのようになっているのでしょうか．

S：多くの日本の会社のように，1年に2回のボーナスを支給するということは，当社ではしていませんが，給与そのものの率が少しはほかのところより高いようです．クリスマスに1回，ボーナスが出ますが，普通80万円以内です．それでもよろしいですか．

K：はい，だいたい私の希望していた通りです．

S：わかりました．あなたの申し込みを十分考慮した上で，1週間

You'll be hearing from us within a week.

K : Thank you very much.

S : Thank you for coming.

Notes.
───
 submit=提出する. call up=～に電話をかける. in-person=個人面談の. do research on ～=～を研究（調査）する. research=研究, 調査. That the hours are long ～=勤務時間が長いということ～などがわかりました. That は I found out that ～ の接続詞 that が文頭に出たもの. 次の文 And that ～の that も同じ用法. That's a fair description.=なかなか上手な描写です. 全貌がよくつかめています. description=説明, 描写. my accent isn't very good=言葉の抑揚はあまり上手ではありません. accent=感情を表現する調子, 強勢. I can make myself understood.=自分の言いたいことを相手に理解してもらえる. Cantonese=広東語. fluent=流暢な. dossier [dásièi]=（フランス語）ある問題に関する書類一式,（特に）詳細な情報を盛り込んだ完全な書類. It was quite a surprise.=I was very surprised. to start=最初は, 手始めに. twice-yearly=年2回の. yearly=年1回の. slightly=わずかに. agreeable=～にかなった, 適当な, 気に入った. hear=（通例 from を伴って）たより（音信）がある. cf.（of, about を伴って）（口頭で）報告を受ける.

VI 個人面接・質問とその答え方 (応用編 2) 235

以内に結果をお知らせ致しましょう．
K：ありがとうございました．
S：ごくろう様でした．

N.B. 友人の友達に紹介してもらい，前もって会社や仕事の内容を関心をもって調べたということは，会社側によい印象を与える．正直に系統だてて説明するとよい．しかし，しないことをしたように言うべきではない．質問されて，うそが露見してしまったら，反対に誠実さを疑われる結果にもなる．

2 Guide

Masako Hoshi is graduating from the literature department of her university. She has applied for a job with a travel agency as an incountry tour guide. Her English interview is with Ms. Nakata, a third-generation Japanese-American who works as a language consultant for the agency.

Ms. Nakata (**N**): Hello, Ms. Hoshi. Do you mind if I call you Masako?

Ms. Hoshi (**H**): Please do. When people say "Hoshi", I always think they're talking tosomebody else.

N: Now, Masako, your résumé says that you studied history in college.

H: That's right. I majored in Japanese history. I've been interested in history ever since I was a little girl.

N: And why do you want to work as a guide?

H: Well, because I was interested in history, I've always enjoyed traveling around Japan. History seems more real and easier to understand when you're standing right there where it happened.

2 ガ イ ド

星昌子さんは,ある大学の文学部を卒業する.彼女は,旅行代理店に国内ツアー・ガイドの職を申し込んだ.そこで星さんは,その代理店で言語コンサルタントをしている中田という,日系アメリカ人の3世に英語で面接を受けることになった.(Ms. Nakata＝N,星＝H)

N:初めまして.星さんのことを昌子とお呼びしてもよろしいですか.

H:ええ,星さんと言われると,どうもほかの人に話しかけられているような気がしますので.

N:さて,履歴書を拝見しますと,あなたは大学で歴史を勉強されたようですね.

H:はい,日本史を専攻致しました.小さい頃からずっと歴史に興味をもっておりますので.

N:なぜ,ガイドの仕事をしたいと思われたのですか.

H:はい,歴史に関心がありましたので,よく好きで,日本国内を旅行してまわりました.歴史は,実際に起こった場所を訪れれば,それだけ実感がわきますし,理解もしやすくなるように思えます.

N : Oh, really ? For example ?

H : Sekigahara is a good example, I think. Last summer some friends and I borrowed a car and drove down to Kyoto. We went through Sekigahara—you know, that was one of the check point where the government made sure that travelers had proper traveling papers — anyway we went through that area about five o'clock in the morning, when the mist was rising up all those narrow little valleys, and I realized for the first time how easy it would be for the Bakufu officials to keep people from moving freely around Japan during the Tokugawa Period. It's hard to understand how that policy could be effective unless you see how rugged the land there is.

N : Yes, I remember thinking that about Sekigahara when we went through there last year. It looks like a great setting for a samurai movie, doesn't it ?

H : Horses and foot soldiers moving up those valleys — I could almost hear their armor clinking !

N : Well, I can see that you like history. But why do you want to be a guide ?

H : I want to make history come alive for people. Especially, Western people who know hardly anything about Japan. I want to do a little bit to show them what an interesting country this is.

N：そうですか．たとえば，どういったことでしょう．

H：関ヶ原が，ちょうどいい例だと思います．去年の夏，何人かの友達と車を借りて，京都の方まで行ったのですが，その関ヶ原——つまり，そこは関所の1つであり，幕府が，旅行者が関所手形をもっているか否かを確かめた場所ですが——そこを通過した時，ちょうど朝の5時頃でした．その時，あの狭い谷間に霧が立ちこめているのを見て，初めて，徳川時代に人々が日本国内を自由に移動するのを防ぐことは，幕府の役人達にとってはごく簡単なことだったということを知りました．どんなに荒れた土地であるかを自分の目で見ない限り，幕府の政策がいかに効果的かということを理解するのはむずかしいと思います．

N：そうですね．私も去年，関ヶ原を通った時，そんなことを考えていたのを思い出します．まるで，時代劇に使う広々としたセットのように見えますね．

H：馬や足軽が，あの谷間を登っていく——そういう光景を考えますと，よろいがカチャカチャ鳴る音が本当に聞こえてくるような気がしました．

N：あなたが歴史をお好きだということはわかったのですが，ではなぜガイドになりたいと思われたのですか．

H：それは，人々のために歴史をよみがえらせたいと思うからです．特に西洋の人達は日本についてほとんど何も知りません．私はこの国がどんなに興味深い国であるかということを，少しでもその人達に教えてあげたいと思います．

N: It's hard work, you know.

H: I know. A friend of my university thesis professor works as a guide, and he came and talked to our class one day. But I don't mind working hard.

N: Is there anything you wanted to ask about?

H: Thank you, but I found out most of the details of working conditions and salary at the Japanese language interview.

N: All right, then. You'll be hearing from us within a few days. Thank you for coming today, Masako.

H: Thank you.

Notes.

department=〜学部. in-country=国内の. a second-generation= 2世. consultant=(専門的意見を与える) 相談役. 顧問. major in=〜 を専攻する. checking point=関所. traveling paper=関所手形. mist =霧. keep=(from を伴って)(人に)〜させない, 禁止する. effective= 効果的な. unless=〜しなければ. rugged [rʌ́gid]=荒い, ごつごつし た. foot soldier=歩兵, 当時の足軽. armor [ɑ́rmər]=(一般に武器か ら身を守る) よろい. clink=チリン, チャリン, カチン (金属, 軽いガラ スが触れた時のような澄んだ音). make〜come alive=〜をよみがえら せる. hardly=ほとんど〜しない. **I don't mind working hard.**=仕事 を一生懸命やることはいやでない. 厳しい仕事も平気です. **Thank you.** =中田さんの Thank you. [θǽnkjùː] に対して言ったものであるから, 「こちらこそ」という気持ちをこめて, 今度は you を強く [θæ̀nkjúː] と 発音する.

N：それは大変な仕事ですよ．

H：よく存じております．大学で卒論を担当していただいた先生のお友達がガイドをされており，1度大学の方に講義をしに来て下さいましたので．でも，仕事がきついのは平気です．

N：何かご質問がありましたらどうぞ．

H：ありがとうございます．仕事の内容やお給料について詳しいことは，日本語での面接の際に伺いましたので，存じております．

N：そうですか．では，2，3日以内に結果をご連絡致しましょう．きょうはごくろう様でした．

H：こちらこそ，ありがとうございました．

N.B. 中田さんが，最初に Why do you want to work as a guide? と聞いたのに対し，星さんの返事は少し indirect (間接的) になっているが，本当に求められた direct (直接的) な答えは，後半2度目の Why do you want to be a guide? に対しての星さんの発言で明確になっている．試験官は，判断力，理解力もチェックしているので，的確な受け答えをすることが大切だ．しかし，試験官が幸いにも，話の内容に興味を示して，同調してくれれば，できるだけ話をそらさずに素直に自分の気持ちを表現すること．その点，星さんはうまく会話を運んでいる．

3 Tour Conductor

Toshio Kobayashi is graduating from a college of foreign languages, and applying for work with a travel agency which specializes in package tours overseas for Japanese groups. He is being interviewed by Mr. Freeman, English consultant for the agency.

Mr. Freeman (**F**): Hello, Mr. Kobayashi. Won't you sit down?

Mr. Kobayashi (**K**): Thank you.

F : Now, you probably know that this interview is mostly to test your presence of mind in English, so just relax, and let's chat, shall we?

K : All right. (*smiles*)

F : Let's start with this job. What got you interested in working for a travel agency?

K : Well, that's a long story, actually. Ever since I was little, I've been interested in foreign countries, especially their literature and culture. I majored in foreign languages in

3 ツアー・コンダクター

小林利夫さんは,ある外国語大学を卒業する.小林さんは,日本人の団体海外旅行を専門に扱っているある旅行代理店に就職を申し込んだ.彼は,その代理店で英語のコンサルタントをしているフリーマン氏より面接を受けている.(Mr. Freeman=**F**,小林=**K**)

F:こんにちは.おかけになりませんか.

K:ありがとうございます.

F:さて,恐らくご存知だと思いますが,この面接は,主にあなたが英語を話される時でも,落ち着いた態度でいらっしゃるかどうかを見るためのものですから,くつろいだ気分で話しましょう.

K:はい.(微笑む)

F:この仕事の話から始めましょう.なぜ,旅行代理店で働きたいと思われたのですか.

K:実は長い話になりますが,私は小さい頃から外国に興味をもっておりました.特にその文学と文化です.ですから,もっとよくそういったものを理解できるように,大学で外国語を専攻しました.アメリカには特別興味があります.というのは,ある意味で日本ととてもよく似ていますし,また別の点から見ると

college so that I'd be able to understand those cultures better. I'm especially interested in the United States. In some ways it's very much like Japan, and in some ways completely different. Are you American?

F : No, I'm Canadian, actually.

K : Oh, sorry. I think I just put my foot in my mouth!

F : Oh, that's all right. I'm getting used to it.

K : Well, anyway, excuse me for getting off the subject. As I said, I'm very interested in foreign countries, especially the West, and so when I began thinking about getting a job, a travel agency seemed the logical choice. I'd like to be an overseas tour guide, actually.

F : There's a good chance of that if you go to work for this company. Not right away, of course, but in a few years, after people learn something about the way the business runs, a lot of them go overseas with a group, or go beforehand to set up hotel arrangements and such.

K : That would be interesting.

F : Actually, they say it's very tiring, and after a two-week tour they just want to come home and eat miso soup and relax! But I think they enjoy it. Oh, yes, I wanted to ask you a question. You have a letter of recommendation in your file here from Professor Curran. Is that the same Professor Curran that's on the radio every Saturday?

全く違っているからです．アメリカ人でいらっしゃいますか．
F：いや，カナダ人です．
K：申し訳ありません．失言でした．
F：いや，いいですよ．慣れていますから．
K：とにかく，話題をそらすようなことを申し上げてすみません．いま，お話しましたように，私は外国，特に欧米に興味をもっておりまして，就職することを考え始めた時に，旅行代理店を選ぶのが適当だと考えましたし，心から外国のツアー・コンダクターになりたいと思っています．
F：当社で仕事をするようになれば，そのチャンスは十分にあります．もちろんすぐにというわけにはいきませんが，2, 3年たって，仕事の流れがわかるようになれば，グループで外国旅行に出かける人達に同行するとか，また前もってホテルやほかの手配などをするために，海外に出かけることが多くなります．
K：そうなれば仕事も興味深くなりますね．
F：実際は，みんなとても疲れると言います．2週間の旅行のあとは，ただ家に帰ってみそ汁を飲んで，ゆっくりしたいと思うらしいですよ．でも，楽しんでやっていると思います．そう，ところで，1つお伺いしたいのですが，この書類の中に，カレン先生が書かれた推薦状がありますが，このカレン先生というのは，毎週土曜日ラジオに出られている方ですか．

K : Oh, do you know him? Yes, he's a professor at my college. In fact, I did my graduation thesis with him.

F : He's written a number of books, hasn't he?

K : Quite a few. It was his Traveler's Handbook of English and American Customs that really made me think I'd like to do travel agency work. One of the things he said was to find a travel agent you could trust. I'd like to be a good tour conductor, and help people really enjoy their trip.

(*A buzzer sounds on Mr. Freeman's desk.*)

F : Ah, that's Mr. Kato. He is ready to give you your Japanese interview. His room is two doors down and to the right. I've enjoyed talking with you.

K : Thank you very much.

F : Thank you for coming.

Notes.
package tour＝(旅行業者あっせんによる，運賃，宿泊費など一切の経費を一度に払い込んでする) セット旅行. **presence of mind**＝(緊急の際に適切な行動がとれる) 沈着，冷静，落ち着き. **put one's foot in one's mouth**＝へまをやる，どじを踏む. **get off the subject**＝話題をそらす，脱線する. **the West**＝西欧，西洋. **the way the business runs**＝仕事がどういうふうに運ばれていくかという仕組み. **a lot of them go overseas**＝多くの社員が海外に出かける．この場合の them は，前出の people (staff members) のこと. **eat soup**＝スープを飲む (スープ皿に入ったスープをスプーンを使って飲むため．しかし，カップに入ったものや日本式の吸物のお椀に入ったものを，直接口をつけて飲む場合は drink soup も可能である．ただし，英語では慣用句としての「スープを飲む」には drink を使わず eat を用いる). **on the radio**＝ラジオに出演している. **quite a**

K：ご存知でしたか．ええ，先生は，私の大学の教授です．実は卒業論文を担当していただきました．

F：本を何冊か書いておられますね．

K：かなり書いていらっしゃいます．先生の「英米の習慣に関する旅行者の手引き」を読んだのがきっかけで，旅行代理店で働きたいと考えたのです．先生がおっしゃったことの1つは，信頼できる代理店を探すようにということでした．よいツアー・コンダクターになって，人々が楽しい旅行をすることができるよう，お手伝いをしたいと思います．

　　（フリーマン氏の机の上のブザーが鳴る．）

F：加藤さんからです．これから日本語であなたの面接をされます．右側の2つ先の部屋です．お話を伺えて楽しかったです．

K：ありがとうございました．

F：ごくろう様でした．

---

few＝かなりの，相当数の．**sound**＝鳴る，音を出す．**two doors down**＝2つ先の部屋．（例）He lives next door.（彼は私の隣に住んでいます）．

N.B.　　小林さんが，試験官に Are you American? ときいたのは，彼が冷静かつ平然と対応しているということを示す一種の gesture（見せかけ）である．カナダ人に「アメリカ人ですか」ときいたのは，いささか的はずれではあったが，幸いにして当の本人は「よくあることで」と簡単に受け流してくれている．試験官がそれを感情的にどうとるかは人によって異なるが，聞く方と答える方とはっきり分かれて会話が一方的に運ばれる日本語の面接と違って，両者からの会話のやりとりが自然に行なわれるのが，英語の面接の特徴でもある．上記の場合，質問が唐突にならぬよう，Are you American? の前に十分ポーズを置くか，すぐに続ける場合には，Could I ask if you are American? と言った方が，ていねいな言い方になる．

4 Interpreter

Ms. Atsuko Kuwai has applied for an interpreting job she saw advertised in an English-language newspaper. She is being interviewed by Mr. Duell, trading representative for a semi-governmental organization from an European country.

Mr. Duell (**D**) : Ah, Ms. Kuwai! Sit down, please! May I offer you coffee or tea?

Ms. Kuwai (**K**) : Oh, thank you. Coffee, please, if it isn't too much trouble.

D : No trouble, no trouble! Now, you are applying for a job as interpreter. What languages do you speak?

K : Only English and German, I'm afraid. I don't speak your language at all.

D : No, no, well, almost no one in Japan does. Most of our people speak English or German, however. And why do you think you would be a good interpreter?

K : (*smiles*) I used to think that anyone who spoke a foreign language well could be a good interpreter. But then I had a course in interpreting and translating this year at college

4 通　訳

桑井淳子さんは，英字新聞で通訳者を募集する広告を見て，それに応募した．彼女は，ヨーロッパのある国の半官半民の会社で，貿易を担当しているドゥエル氏より面接を受けている．(Mr. Duell＝**D**，桑井＝**K**)

D：あ，桑井さん，どうぞお座り下さい．コーヒーと紅茶，どちらがよろしいですか．

K：ありがとうございます．コーヒーをお願い致します．でも，ご面倒ではありませんか．

D：いえ，いえ，少しも面倒じゃありません．さて，あなたは通訳の仕事を希望しておられるわけですが，何語が話せますか．

K：それが，英語とドイツ語だけで，あなたのお国の言葉は全く話せません．

D：だと思いますが，日本では話せる方はほとんどいません．しかし，私達の方がたいてい英語とドイツ語を話せますから．ところで，なぜあなたは通訳者に向いているとお思いですか．

K：(微笑む) 私は，いままで外国語をじょうずに話せる人は誰でもりっぱな通訳になれると思っておりました．ところが，今年，大学でプロの通訳者として活躍されている女性の先生から通訳と翻訳の講義を受けました．先生は，ただ単に言葉だけを理解するのではなく，双方がそれぞれ何を考えているのかをくみ取っていかなければ，りっぱな通訳者にはなれないとおっしゃっ

from a woman who is a professional interpreter. She said that to be a good interpreter you have to understand what both sides are thinking, not just know what they are saying. Of course, it's very hard to do that perfectly, but I enjoy the challenge.

D : Yes, it is a very challenging thing to put the ideas of one culture into the language of another. (*An assistant brings two cups of coffee into the room.*) Cream and sugar?

K : Just cream, please. (*takes her coffee*) Thank you.

D : So. You know what this job involves? Mostly economic topics. Perhaps not as interesting as you would like.

K : Actually, I'm very interested in economics. I joined a speech club in college and got involved in some debates on international trade and different economic philosophies, and the more I learned, the more it seemed to me that international economic relations have more to do with world peace than almost anything else we can work on.

D : I see. So you are interested in world peace.

K : It's hard to live in an island country like Japan and not be interested in world peace.

D : Yes, yes, that is so. And you are familiar with our working conditions, salary scale, and related matters?

K : Yes, the explanation you mailed me after I sent in my résumé was very complete.

ていました．もちろん，そつなくやるのは非常にむずかしいことだと思いますが，どこまで自分がやれるか試してみるのはとても魅力があります．

D：そうですね．ある文化に基づく考えを，別の文化をもつ言葉におきかえるというのはやりがいがありますね．

（助手がコーヒーを2つ，部屋に持ってくる．）

ミルクとお砂糖は．

K：ミルクだけお願いします（コーヒーカップを受けとる）．ありがとうございます．

D：さて，この仕事の内容はご存知ですか．主に経済に関する話題が多いですから，期待されているほど，おもしろくはないと思いますよ．

K：実は，経済は私にとって非常に興味がございます．といいますのは，大学時代スピーチクラブに入りまして，国際貿易やさまざまな経済問題に関する討論会に何度か出席致しました．それによって，いろいろわかってくればくるほど，私達がたずさわっているほかのどの問題よりも国際間の経済問題は，世界平和と深いかかわりがあるのではないかという気がしてきました．

D：そうですか．それで世界平和に関心をもたれるようになったわけですね．

K：日本のような島国で生活していますと，どうしても世界の平和に関心をもたざるを得ないと思います．

D：全くその通りですね．それから，仕事の内容や給料，その他の規定や待遇などに関することはもうご存知でしょうね．

K：はい，私が履歴書をお送りした後に届いた説明書などにすべて詳しく書かれてありましたので．

D : And are these conditions acceptable to you?

K : Yes, they are.

D : Well, then, Ms. Kuwai, we will be in contact with you in a few days. Shall we notify you of our decision by mail, or by telephone?

K : By telephone, please. Do you have my number?

D : Yes, I see it is here on the résumé. Thank you very much for coming, then.

K : Thank you, sir.

Notes.
───
　trading representative=貿易担当, 貿易部代表. **semi-governmental**=半官半民の. **organization**=企業, 法人組織, 団体. **if it isn't too much trouble**=ご面倒でなければ. **challenge**=挑戦, 新しい (難しい) 仕事に体当たりでぶつかっていくこと. **put ～ into…**=～を (他国語などに) 言い換える, 翻訳する. **So.**=そういうことですか. **actually**=本当は, 実際は. **debate**=討論. **philosophy**=根本原理. **relation**=関係. **have to do with ～**=～と関係がある. ～とかかわりをもつ. **work on**=～にとりかかる. 働きかける. **It's hard to ～ and not……**=～していながら……しないのはむずかしい→～しているとどうしても……してしまう. (例) It's hard to see the old pictures and not remember my mother. (昔の写真を見るとどうしても私の母を思い出す). **related matters**=関連事項. **related**=関係のある, 関連した. **explanation**=説明. **send in**=提出する. **acceptable**=意にかなう, 気に入る. **notify**=～に通知する.

D：そういった条件でよろしいですか．
K：はい，結構です．
D：では，桑井さん，2,3日以内にご連絡致しますが，結果は郵送した方がいいですか，それともお電話をさし上げましょうか．
K：電話でお願い致します．番号はご存知でしょうか．
D：はい，この履歴書に書いてありますから．それでは，どうもごくろう様でした．
K：ありがとうございました．

N.B. 　会社によっては，1度にごく少人数しか募集しないところもある．また面接もある特定の日時を指定され，かなり時間をかけて談話式に行なう場合もある．そんな時は飲み物が出されることもあるが，遠慮しないでいただく方がいい．ただし，先方の応対が非常にていねいであるからといって，採用される可能性が大だと思い込んではいけない．お茶の飲み方，マナーなども観察されているものと考えるべきである．

5 International Conference Organizer

Noriko Yurita has been working as a free lance interpreter for the last six years. She is applying for a position with a company which organizes international conferences. She is being interviewed by Ms. June Ihara, a Japanese woman who was raised in Europe and is in charge of hiring for the organization.

Ms. Ihara (**I**): Come in, Ms. Yurita. I'm June Ihara.
Ms. Yurita (**Y**): Yoroshiku onegai shimasu.
I : Let's speak in English, shall we? It will give me a chance to see whether or not you can be at ease in a foreign language.
Y : Certainly.
I : Your application says that you have been working as a free lance interpreter for several years.
Y : Yes, that's right.
I : Did you begin doing that right out of college?
Y : No, not exactly. I had a job offer from a joint venture company when I got out of college, and I worked with

5　国際会議オーガナイザー

由利田典子さんは，ここ6年間フリーで通訳の仕事をしているが，今回国際会議のオーガナイザーをしているある会社に就職を希望している．彼女はヨーロッパで育ったジュン・井原という人事担当の日本人女性から面接を受けている．（Ms. Ihara＝I，由利田＝Y）

I：由利田さん，お入り下さい．私はジュン・井原といいます．
Y：よろしくお願いします．
I：英語で話しましょうか．その方が，あなたが外国語でも気楽に話せるかどうかわかりますから．
Y：ええ，結構です．
I：願書によりますと，あなたはフリーの通訳を何年かされているようですね．
Y：はい，そうです．
I：大学を卒業してすぐ始められたのですか．
Y：正確に言いますと，そうではなく，私が大学を卒業しました時に，合弁会社から話しがありまして，4年間そちらの方で，外国から来られた会社の方の通訳をしたり，秘書的な仕事をした

them for about four years, interpreting for their Western personnel and doing office secretarial work. The vice-president encouraged me to apply for a personnel training program — six months of study in the United States, and then a job in management in the company, either in Japan or somewhere else around the world. I did the six months of study, but by the time I finished, the company was changing its policy. They had found out they had too many managers.

I : And what happened?

Y : They said they were unable to offer me the job. They offered me my old job back, but I had a little money saved, so I decided to travel for a few months. And then when I came back to Japan, I started working free lance through several agencies.

I : And you did that for...?

Y : Two years.

I : Didn't you like the work?

Y : Some of it I enjoyed very much. But economically it's fairly unstable. (*smiles*)

I : And what made you pick this organization, rather than an interpreting company?

りしておりましたが，副社長に，アメリカで6ヵ月間行なわれる社員教育企画に申し込んでみないかとすすめられたのです．それからさらに日本国内あるいはどこか海外で会社の管理職につけるよう希望を出してみないかということだったのです．そこで6ヵ月勉強してきたのですが，私が講座を修得する頃には，会社側の方針が変わっておりました．つまり管理職にある人が多すぎるということがわかったわけです．

I：それで，どうなったのですか．
Y：管理職についてもらうことはできないと言われました．会社は前の仕事に戻るように言って下さったのですが，貯金が少しあったものですから，しばらく旅行に出てみようと決心致しました．その後，日本に戻ってから，いくつかの代理店を通じてフリーの通訳の仕事を始めました．
I：通訳をなさってどのくらい……．
Y：2年です．
I：仕事がお好きじゃなかったのですか．
Y：とても楽しいと思うこともありましたが，経済的にかなり苦しかったものですから．（微笑する）
I：通訳の会社ではなく，なぜ当社をお選びになったのですか．

Y : I looked into interpreting companies, but most of them want free lancers, and the others either said that I was over-qualified or didn't have good enough credentials, or they didn't pay well enough.

I : What do you think about your qualifications?

Y : Well, I worked with people in the international business community for four years, so I have a good idea of the problems they might discuss and the conditions in which they would feel comfortable. And when I was free lancing I worked with all sorts of people, from politicians to folk-singers, so I have a wide range of experience. I got along well with almost all of my clients.

I : How is your health?

Y : Very good. I just had a physical — would you like me to send a copy?

I : No, we'll take your word for it. You know, in this business we work long hours sometimes.

Y : I'm accustomed to that.

I : And you're familiar with our salary scale and fringe benefits?

Y : Yes, I received that information when I called and asked for details.

Y：通訳関係の会社には，いくつかあたってみたのですが，ほとんどがフリーランサーを求めているのです．またそうでないところは，この仕事にはもったいないぐらい資格があるとか，提出書類が十分でないと言われるか，あるいはお給料の方がよくないかのどちらかでした．

I：では，あなたご自身は自分の資格についてどう思われますか．

Y：そうですね．私は4年間，国際的な実業界でいろいろな人と仕事をしてきましたが，そういった人達がどのような問題を論じ合うか，またどんな状況にあれば気持ちよく落ち着けるかなどということをよく知っています．しかもフリーランサーの時には，政治家からフォークシンガーまで，あらゆる人々のお仕事をさせていただきましたので，幅広い経験を持っております．お仕事の相手の方とはほとんどうまくやっていけました．

I：健康状態の方はいかがですか．

Y：とても健康です．ちょうど身体検査を受けたところです．その結果の写しをお送りしましょうか．

I：いいえ，あなたの言葉を信じます．この仕事では長時間働くこともあるということはご存知ですね．

Y：それは慣れております．

I：もうお給料の額や特典，待遇などについてはご存知ですか．

Y：はい，電話で詳しくお伺いした時に，教えていただきました．

I : All right, then. We'll be in touch with you as soon as possible — within two or three days, I should expect. I can't say anything definite until I talk your application over with my colleagues, but your credentials are impressive.

Y : Thank you. I'll look forward to hearing from you.

Notes.

conference＝会議. **free lance**＝フリーランサー，特定の雇用者や組織に所属しないで，不定期の収入を得る自由契約者. **organize**＝計画し準備する. **raise**＝(子供を) 育てる. **in charge of**＝～担当の. **at ease**＝楽に，くつろいで. **right out of college**＝大学を出てすぐに. **a joint venture company**＝合弁会社. **personnel**＝(集合的に，会社などの) 職員. **vice-president**＝副社長. **encourage**＝奨励する, 励ます. **management**＝管理者. **either ～ or……**＝～か……のどちらか, **by the time**＝～する頃には. **They offered me my old job back.**＝私にもとの仕事に戻るように言った. **economically**＝経済的に. **fairly**＝かなり. **unstable** [ʌnstéibl]＝不安定な, 一定していない. **look into**＝～を調べる. **overqualified**＝資格を持ちすぎた. **credential**＝(通例～s) 資格認定, 業績証明, 人物証明, 紹介状, 推薦状の意味に使うこともある. **What do you think about your qualifications ?**＝では, あなたご自身は自分の能力や資格についてどう思いますか. **community**＝(the を冠して) 社会, 界. **I have a good idea of ～**＝～がよくわかっている, 理解している. cf. I don't have a slightest idea. (何のことかさっぱりわからない). **politician**＝政治家. **a wide range of experience**＝幅広い経験. **range**＝範囲, 幅. **get along well with ～**＝～とうまくやっていく. **client** [kláiənt]＝依頼人. **physical**＝身体検査. **take one's word for it**＝人の言うことを信じる. **be accustomed to～**＝～に慣れている. **detail**＝詳細. **talk over**＝話し合って検討する. 熟慮する. **colleague** [káli:g]＝(会社などの) 同僚. **impressive**＝印象がよい (強い).

Ⅰ：それでは結構です．できるだけ早くご連絡致しましょう．恐らく，2, 3日以内だと思います．他の幹部の方と相談してみないと，まだはっきりしたことは言えませんが，あなたの業績の方は大変結構です．

Y：ありがとうございます．ご連絡，お待ちしております．

N.B.　会社によっては，管理職にある外国籍を持つ日系人が試験官になることがあるが，一見日本人に見えても英語面接と決められた以上，日本語で話しかけずに初めから英語で通すつもりで面接に臨む方がよい．試験官の国籍，男女，年齢を意識せず，機械的に見るくらいのクールな気持ちも忘れない方がいい．

6 Intern for an International Fashion Company

> Hideko Hosoda has graduated from a well-known design school, and has applied for training with an international dress-designing company. Out of hundreds of applicants, she and nine others remain in competition for the position. She is being interviewed by Mr. Stricherz, who is in charge of apprentice training in London.

Mr. Stricherz (S) : Sit down, please, Ms. Hosoda. Now first of all, I'd like to make sure that you are acquainted with the terms of this apprenticeship. You've seen our literature, of course.

Ms. Hosoda (H) : Yes, sir, I have.

S : Then you realize this is the first time our organization has accepted applicants from Japan.

H : Yes, sir.

S : Up until now, our apprentices have all come from Europe, with now and then an American or an Aussie.

H : Pardon?

S : An Australian. However, Japan is an expanding market,

6　ファッション関係の会社の見習生

細田秀子さんは，有名なデザイン学校を卒業し，見習生を希望して，国際的に広く衣装のデザインを扱っている会社に応募した．何百という応募者の中から，彼女を含め10人が最終試験に残っている．細田さんは，ロンドンで見習生の訓練にあたっているストリッカーズ氏から面接を受けている．(Mr. Stricherz＝S，細田＝H)

S：どうぞお座り下さい．まず初めに確かめておきたいのですが，あなたはこの会社が行なっている見習い訓練制度についてはよくご存知ですか．もちろん当社の説明書はご覧になりましたね．
H：はい，拝見しました．
S：では，この会社が日本人を採用するのは，今度が初めてだということはおわかりですね．
H：はい．
S：今まで，この会社の見習生は全員ヨーロッパからでした．時々アメリカ人やオーストラリア人もおりましたが．
H：何とおっしゃったのでしょう．
S：オーストラリア人です．しかし，日本は今や有力な市場になり

and we feel it is time we had some young Japanese talent on our staff.

H : (*smiles, nods, looks interested*)

S : The training program is for two years, and is conducted in London. (*suddenly*) Have you traveled much?

H : Yes, I traveled all over Japan during high school, and last summer a friend and I spent summer vacation in the United States.

S : Get homesick?

H : (*politely*) I think everyone gets homesick at one time or another in a foreign country, sir. How bad it is depends on how badly that person wants to be doing whatever he or she is doing away from home.

S : And what do you want to be doing?

つつありますし，そろそろ才能ある若い日本人をスタッフとして迎えてもいい頃ではないかと考えております．
H：(微笑をうかべて，うなずき，興味を示す．)
S：訓練予定は2年間で，ロンドンで行なわれます．(突然) 旅行はよくされましたか．
H：はい，高校時代には日本中くまなく旅行してまわりました．去年の夏期休暇は，友達とアメリカで過ごしました．
S：ホームシックにかかりましたか．
H：(ていねいに) 誰でも外国にいますと，1度や2度はホームシックにかかると思います．その度合は，その人が家から遠く離れて何をしようと，どれだけ熱意を持ってやっているかどうかによるのではないでしょうか．
S：で，あなたは何をやりたいとお思いですか．

H : Learning to be a very good dress designer, sir.

S : I see. And what do you think dress design is going to entail in the next fifteen years?

H : Oh, I'm sure you know much more about that than I do, Mr. Stricherz. (*pause*) But just as a student opinion, I think women will continue to want very flexible styling. (*thoughtfully*) More and more women are moving into executive position, and need clothes to go along with that. For the market that your company reaches, I would say that easy care and comfort—and stylishness—will be more important than price, and that would mean a lot of attention to the new synthetics and blends being developed. Also, of course, the age distribution in the Western nations and Japan is changing very dramatically — more older women proportionately.

S : You've given this some thought.

H : Thank you.

S : You realize that the apprentices receive very little money —about ¥70,000 a month—during their training, and are responsible for their own transportation to England.

H : Yes, my parents have agreed to help me. (*pause*) Sir?

H：一流の衣装デザイナーになる勉強をしたいと思います．

S：わかりました．あなたは，これから先15年間に，衣装デザインはどういうものを必要としてくるとお考えですか．

H：それはストリッカーズさんの方が，私よりずっとよくご存知だと思います．(間をおいて) けれども，一生徒の意見としまして，これから先もずっと女性は，あまり型にはまったものでないものを望むだろうと思います．(考えながら) 女性は，これからますます社会的立場も高くなっていくと思いますが，そうなれば，その地位にふさわしい服装が必要になってきます．こちらの会社が進出する市場では，あまり気を使わない，着易い，またいわゆるナウな感じであることが，値段よりも大切になってくるのではないでしょうか．そして，そのためには新しい合成繊維や混紡にかなりの関心を持たねばならないということになると思います．また，当然，西洋の国々や日本でも (服装についての) 年齢の広がりというものが目立って変わってきていますから，比較的(服飾に関心のある)年配の女性の方が増えています．

S：なかなかのご意見ですね．

H：ありがとうございます．

S：見習生のお給料はおわかりのように，訓練中は，ひと月7万円と大変少ないですし，イギリスへの旅費も自己負担となります．

H：はい，両親が援助してくれると申しております．(間をおいて) 質問してもよろしいでしょうか．

S : Yes?

H : What are an apprentice's chances of being employed by your organization afterwards?

S : After the apprenticeship? Very good. We lose money if we train people and then don't hire them. Any other questions?

H : No, sir. The literature explained everything.

S : All right, then. You'll be hearing from us. Send the next applicant in on your way out, please.

H : Certainly. Thank you very much.

Notes.

competition for ～=～を得ようとする競争. apprentice=見習生. apprenticeship=見習い,訓練. literature=印刷物. up until now=今まで. come from ～=～出身である. now and then=時々. Aussie [ɔ́ːsi]=(俗)オーストラリア人. an expanding market=広がりつつある市場. expand=拡大する,伸びる. it is time+主語+動詞の過去形=～してもいい時期である. Get homesick?=Did you get homesick? (ホームシックになりましたか)の省略形. one time or another=時として. How bad it is depends on ～=それがどのくらいひどいかは～による. How bad it is までが主語. how badly=どのくらいの程度に(で). entail=必要ならしめる,要する,(必然的,結果的に)引き起こす. flexible=融通のきく,順応性のある. styling=服装. style(動詞)=一定のまたは流行の型に合わせて作る. thoughtfully=考え込んで. move into ～=～に移動する. executive=管理職. go along with ～=同調する,合う. reach=～に達する,広がる. easy care=気を使わない. stylishness=現代風,粋なこと,上品さ. mean a lot of attention=大いに関心を持たねばならないことを意味する. synthetic=合成物. blend=混合繊維の混紡. being developed=開発中の,研究されている. the

VI 個人面接・質問とその答え方（応用編 2）

S：ええ，どうぞ．

H：トレイニングを終えまして，見習生がこちらの会社で正式採用になる可能性はどのくらいあるのでしょうか．

S：見習期間後ですか．いい質問です．もし訓練した人達を雇わなければ，会社が損することになりますね．他にご質問はありますか．

H：いいえ，ございません．説明書にすべて書いてありましたので．

S：わかりました．では，またご連絡致しましょう．外へ出たら，次の人に入るよう言って下さいますか．

H：はい．ありがとうございました．

---

age distribution＝年齢層の広がり．the age curve（年齢曲線）と言っても良い．**dramatically**＝劇的に．**proportionately**＝比例して．**You've given this some thought.**＝なかなかりっぱなご意見ですね．**some**＝たいした，なかなかの．**～and are responsible for their own transportation to England**＝イギリスへの旅費は自己負担となります．**Sir ?**＝質問してもいいでしょうか．**Yes ?**＝何でしょうか．**afterwards**（＝afterward）＝その後．**Very good.**＝いい質問ですね．**send in**＝よこす．**on your way out**＝出ていく途中で．

N.B. What are an apprentice's chances of being employed by your organization afterwards? という質問の背後には，理由がある．日本の企業では，見習い（訓練，試用）期間に余程，不手際をやらない限りは，自動的に本採用になることが多いが，外国の企業では，この期間に将来の見込みなしと判断された場合，本採用を取り消されることも珍しくない．細田さんが，ここで一応それを確認したのは妥当なことである．

7 Embassy Staff Member

Mr. Ward is in charge of hiring at a foreign embassy in Tokyo. He is interviewing Ms. Midori Morita for a position as clerk. She applied for the job after reading a help-wanted ad in an English-language newspaper.

(*Ms. Morita walks to the door, hesitates.*)

Mr. Ward (**W**) : Good afternoon. Come in, please, and sit down. And what is your name, please?

7 大使館職員

ウォード氏は,東京にある,ある外国の大使館で雇用担当をしているが,職員として就職を希望している森田みどりさんに面接を行なっている. 森田さんは英字新聞の求人広告を見て応募した.
(Mr. Ward＝**W**, 森田＝**M**)

(森田さんが,ドアに向って歩いていき,立ち止まる.)
W: こんにちは. どうぞ入ってお座り下さい. お名前は何とおっしゃいますか.

Ms. Morita (**M**) : Midori Morita. Morita is my family name.

W : So your initials are MM like Marilyn Monroe.

M : Or Micky Mouse.

W : (*smilingly*) I am Harry Ward. Now, you are applying for a position as a clerk, I believe.

M : Yes, sir.

W : And how did you hear about this job?

M : Your embassy had an ad in the paper on Monday. I telephoned, and they asked me to come in for an interview.

W : I see. And what experience do you have, Ms. Morita?

M : I have no working experience, sir, but I'm graduating next week from a two-year business school. I have my letters of recommendation with me. (*hands him the letters.*)

W : Ah, yes. (*reads*) Highly able, trustworthy, dependable. You come well-recommended. And how is your shorthand skill?

M : I can take dictation in English at 120 words per minute.

M：森田みどりと申します．森田は名字です．

W：そうすると，イニシャルはマリリン・モンローと同じMMですね．

M：ミッキー・マウスとも同じです．

W：(笑いながら) 私はハリー・ウォードといいます．さて，あなたは職員の仕事に応募されたのでしたね．

M：はい，そうです．

W：この仕事のことをどこでお知りになりましたか．

M：こちらの大使館が，月曜日の新聞に広告を出されたので，電話をかけましたところ，面接に来るようにと言って下さいました．

W：そうですか．森田さんは，どういったご経験をお持ちですか．

M：仕事についた経験はありませんが，来週で2年間のビジネススクールを終了します．推薦状を持ってまいりました．
(推薦状を手渡す．)

W：ああ，そうですか．(目を通す．) 有能で，信頼でき，頼もしい．かなり推薦されていますね．速記はどのくらいおできになりますか．

M：1分間につき英語で120語書き取ることができます．

W : I see. Now, you realize that our embassy here is quite a small one, so that even if you are hired as a staff member, you may sometimes be asked to do other things, for example making or receiving telephone calls or translating English materials into Japanese and Japanese into English. Is that agreeable with you?

M : Oh, yes, I would like that.

W : Is there anything you would like to know about the job?

M : Yes sir. What is your starting salary, and what sort of fringe benefits does the job offer?

W : The starting salary for clerks is ¥200,000 per month, with raises after the first year according to ability. There's a small bonus at Christmastime, three weeks paid vacation a year, and full health insurance.

M : One other question.

W : Yes?

M : Do you encourage your women employees to stop working when they get married?

W : We belive that is a personal decision. If a woman wishes to continue working for us after marrying, we are very glad to have her. Our staff is so small that it is difficult to be as flexible as we would like, but one of our employees has small children, and we have been able to adjust her schedule so that she is able to continue working.

W：わかりました．ところで，おわかりのように，ここは大使館としては小さい方なので，職員として採用されたとしても 時として，たとえば電話をかけたり，取ったり，また英文を日本語に，日本文を英語に訳すなど，他の仕事もしてもらうことになりますが，それでもよろしいですか．

M：はい，結構です．

W：何かこの仕事についておききになりたいことはありますか．

M：はい，初任給はおいくらぐらいなのでしょうか．また，お給料以外の特典とか待遇といったようなものはありますか．

W：事務員の初任給は1カ月20万円ですが，1年したら能力に応じて昇給されます．他には，クリスマスにちょっとしたボーナスが出ますし，1年につき3週間の有給と健康保険があります．

M：もう1つ，ご質問したいのですが．

W：何でしょうか．

M：こちらでは，結婚したら女性は仕事を辞めることが望まれているのでしょうか．

W：それは，各個人が決めることだと思います．結婚しても仕事を続けたいと思われれば，こちらとしては喜んで続けてもらいます．ここは人数が少ないので，希望通りに融通をきかすことはむずかしいようです．それでもある従業員は小さい子供が何人かいますが，我々の方で，彼女が仕事を続けていけるよう，スケジュールを調整してあげたりしています．

M : That's very interesting.

W : Well, Ms. Morita, what do you think ? Are you interested in this position ?

M : Yes, I am.

W : I'm very happy to hear that. I'll have to confirm this with my superiors, of course. You'll be hearing from me within two or three days. When will you be able to start working ?

M : I can start anytime after the tenth.

W : Very good. Thank you very much for coming, Ms. Morita, and I'll be looking forward to working with you.

Notes.
embassy=大使館, 大使館職員. help-wanted=求人の. hesitate=ためらう, 立ち止まる. initial=かしら文字. recommendation=推薦. highly-able=才能のある. trustworthy=信頼できる, 頼りになる. dependable=頼みになる, 頼もしい。You come well-recommended. =かなり推薦されていますね. material=資料. One other question.=もう1つお聞きしたいのですが……, 正確には May I ask you one other question? だが, 質問をしますといった顔付きでていねいに言えば, たとえこの様な縮小形であっても, 乱暴な言い方ではない. encourage 〜 to ……=〜が……するようすすめる. flexible=融通のきく. adjust=調整する. confirm=確認する. superior [səpíːriər]=上司, 上役, 長, 責任者.

M：それは結構ですね．

W：さて森田さん，どうですか．この仕事に興味をお持ちですか．

M：はい，ございます．

W：それを聞いて安心しました．もちろん，上司とも相談しなければなりませんので，2, 3日以内にご連絡致しましょう．いつから仕事につけますか．

M：10日過ぎでしたら，いつでも結構です．

W：わかりました．今日は，どうもごくろう様でした．一緒にお仕事できることを楽しみにしています．

N.B. ウォード氏が「マリリン・モンローと同じイニシャルですね」と軽い冗談を言いながら森田さんに話しかけているが，それを「ミッキー・マウスとも同じです」とうまく受け答えをしている点に注意すべきである．日本の企業の面接では，ユーモアというものはむしろ避ける傾向にあるが，外国の企業では，ユーモアのセンスを必要とする場合さえある．単に笑い流してしまうのも1つの方法だが，うまく受け答えればさらによい．ただし，悪乗りしたり，自分から切り出すことは避けた方がよい．とっさのウィットは，試験前に準備できるものではなく，普段からの関心と研究が必要である．

8 Aircraft Producing Company

Yoji Katayama will be graduating in a few months from the engineering department of his university. He is applying for a job with a foreign company producing airplanes. His interviewer is Mr. Harris, vice-president of the firm's Tokyo office.

Mr. Harris (**H**) : Good afternoon. You're Mr. Katayama?

Mr. Katayama (**K**) : Yes, that's right.

H : Have a seat, please. Now, let me just check a few things. Your full name is Yoji Katayama?

K : That's right. But please call me Yoji.

8　航空機製作会社

片山陽二さんは，数カ月すれば大学の工学部を卒業する予定である．航空機を製作する外国の商社に就職を申し込んでいる．面接試験官は，東京本社の副社長，ハリス氏である．(Mr. Harris＝H，片山＝K)

H：こんにちは，片山さんですね．
K：はい，そうです．
H：どうぞおかけ下さい．最初に 2, 3 お尋ねしますが，お名前は片山陽二とおっしゃるんですね．
K：はい，そうです．陽二と呼んでいただいて結構です．

H : All right, Yoji. And you are a student at Sokei University, majoring in what?

K : Mechanical Engineering.

H : And what is it that interests you about airplane manufacture?

K : (*pauses to think*) There are lots of things, of course, but the biggest one is the challenge, I think. Fuel prices are going up and oil is in short supply, so planes are going to have to be more efficient than ever before. And the new alloys make designs possible which no one would have believed a few years ago.

H : Oh, you're primarily interested in design, then, are you?

K : Well, of course, if you hire me I'll do my best at any job you ask me to try, but, yes, designing air and spacecraft is my first love.

H : Spacecraft?

K : Yes, I did my senior project on the design strengths and weaknesses of one of Japan's weather satellites, the Galaxy.

H : Could you summarize in a few words for me what you found out?

K : Well, very briefly, the basic design was well thought out, but there were several flaws which developed into problems. Acceleration caused more damage during take-off than had been expected, and then one of the back-up repair systems

Ⅵ　個人面接・質問とその答え方（応用編 2）

H：そうしましょう．早慶大学在学中で，ご専攻は……
K：機械工学です．
H：航空機製作に関心をもたれた理由は何ですか．
K：（少し考えて）申し上げるまでもなく，いろいろとございます．しかし，何と言いましても，張り合いのある仕事であることが一番大きな理由だと思います．燃料の価格が上がっておりますし，石油も不足していますから，飛行機は今後ますます，もっと機能的になっていかなければなりません．新種の合金が数年前には誰も想像もつかなかったような機種を可能にしています．
H：と言いますと，あなたは主に機体の設計に関心があるわけですね．
K：ええ，もし入社しました時には，もちろんどんな仕事にも最善をつくすつもりでおりますが，おっしゃる通り航空機や宇宙船などの設計には最大の情熱を持っております．
H：宇宙船ですか．
K：はい，私は日本の気象観測船ギャラクシー号の設計上の長所，短所を専門的に研究しました．
H：その研究の結果を手短かに話していただけますか．
K：そうですね，ごく簡単に申し上げますと，基本的な設計は十分検討されてはいたのですが，いくつかの弱点があって問題になりました．離陸の際の変速が想像以上に破損を引き起こし，予備修正装置の一基が過度の状態に耐え得ない潤滑油を有してい

was found to have a lubricant which couldn't stand the extreme conditions. The designers just hadn't thought of everything that could go wrong. (*smiles*) Of course, it's easy to say that in retrospect.

H : Yes, that's the way it is with a lot of designing. You just don't know all the problems you'll encounter until you meet them...

K : And then it's too late.

H : Right. Well, anyway, back to business. What made you pick this company?

K : Hiromu Yonetani is from my university. He and I were in the electronics club together — he was a junior when I was a freshman—and we've kept in touch since then. He told me about his job here, and I liked the way the company sounded. I think a five-day work week and nine-to-five working hours are a good idea, and Yonetani-san also said that a person advances in your company on his own merits, not depending on his age or which university he graduated from.

H : Ah, yes, Hiromu told me you and he were friends. He recommnded you quite highly, in fact. Well, Yoji, I've enjoyed talking with you, but I have another appointment in just a few minutes. Thank you very much for coming by today.

ることがわかりました．設計師もそこまでは考えつかなかったようです．(笑いながら)こうして過去のことを言うのはたやすいことですが．

H：設計というものは，そのようなことが多いようですね．実際に起こってみないことには，遭遇するすべての問題を前以って察知することはできませんからね．

K：それで気がついた時には遅すぎる，というわけです．

H：その通りです．ま，とにかく話しを戻しまして，どうして本社を選ばれたのですか．

K：米谷弘さんは私の先輩ですが，電子工学クラブで一緒でした．私が1年生の時，米谷さんは3年生だったのですが，それ以来親しくさせていただいております．米谷さんのお仕事についてもよくお聞きしましたし，こちらの会社にはかなりよい印象をもっておりました．週5日制，午前9時から午後5時までという態勢も気に入りましたし，年齢や大学の出身校によらず，社員の実力次第で昇進できると伺っております．

H：そうでしたね．弘君はあなたと親しいと言っておりました．実は，彼はあなたのことをかなり強く推薦していました．それでは陽二君，ごくろう様でした．すぐに次の方の面接に移りますから．きょうはよくいらして下さいました．

K: Thank you.

H: You'll be hearing a definite yes or no from us within a few days.

Notes.

vice-president＝副社長，外国の会社にはsenior vice-president, junior vice-president などを含む数名あるいは十数名の副社長を設置しているところも珍しくない．**check**＝点検する，確認する．**majoring in what?**＝ご専攻は……，What are you majoring in? が正式な言い方だが，You are a student at Sokei University. の後に置かれたため，前述の are を受けて majoring in と動詞が並んだので，目的語のくる場所にいきなり疑問詞の what をもってきているが，この形は普通の会話では珍しくない．(例) You are going to meet who(m)? (誰でした，あなたがお会いになるとおっしゃったのは)．**mechanical engineering**＝機械工学（機械の設計，生産を扱う工学の1部）．**challenge**＝（人の闘志をあおり奮起させるような）仕事のむずかしさ，手ごたえ．**alloy**＝合金．**air and spacecraft**（＝**aircraft and spacecraft**）＝航空機および宇宙船．spacecraft は宇宙船（大気圏外を飛行する機体の総称）．**senior project**＝専門科目としての研究．**project**＝（学術的，技術的な）研究，課題，調査課題．**strengths and weaknesses**＝長所と短所．**weather satellites**＝気象観測船．**satellite**＝衛星．**think out**＝考察する．**flaw**＝弱点．**acceleration**＝速度の変化，変速．**take-off**＝（飛行機，ロケットが）離陸する．**back-up repair system**＝予備修理装置．**lubricant**＝（機械の作動部の）潤滑油，滑剤，減摩剤．**stand**＝耐える，もちこたえる．**hadn't thought of everything that could go wrong**＝不首尾に終る可能性のあることすべてを想像し得なかった．**in retrospect**＝過去のできごとを顧みて，振り返ってみて．**That's the way it is with～**＝たいてい～とはそんなものです，～するのはごく普通のことです．**You just don't know～**＝～はわかるものではありません．この場合の you は「あなた」ではなく，「我々誰でも」の意味，(例) You never know. (なかなかわからないものですよ)．**Yonetani is from my university.**＝米谷さんは私の大学の先輩です，この会社で働いている米谷さんは私と同じ大学の出身者です．**electronics**＝電子工

K：ありがとうございました．
H：数日中にはっきりとした結果をお知らせします．

学．**keep in touch**＝接触を保つ，親しく交わる．**I liked the way the company sounded.**＝会社のもつイメージが気に入った．**sound**＝(人に)印象を与える．**merit**＝優秀さ，真価，功績．**advance**＝出世する．**in fact**＝実のところ．

9 Foreign Marketing Company

Teruo Komatsu has been working for a Japanese bank for three years. A friend has told him about an opening in the Everyman Foods Company, Tokyo office. He is being interviewed by the head of the Tokyo office, Mr. Miles.

Mr. Miles (M) : You are Mr. Teruo Komatsu?

Mr. Komatsu (K) : That's right.

M : Please make yourself comfortable. Smoke if you like.

K : Thank you.

M : Your résumé says that you've been working at the Yokohama Savings Bank for the last three years.

K : Yes, that's right.

M : What makes you want to change jobs?

K : (*smiles*) I'm sure you are familiar with banking systems in Japan, Mr. Miles. The jobs given to young men are not very challenging. And I didn't graduate from a famous university, so my chances of going very far in my bank are not very good. Sawada-san and I are old friends from school, and we went out one night and got to talking over

9　外資系マーケット調査会社

小松映夫さんは，3年間，日本の銀行で働いている．彼の友人が，自分が勤めているエブリマン食品会社の東京支店に欠員があることを教えてくれた．小松さんは，東京支店の支店長，マイルズ氏より面接を受けている．(Mr. Miles＝**M**，小松＝**K**)

M：小松映夫さんですね．
K：はい，そうです．
M：お楽になさって下さい．たばこをお吸いになるのでしたら，どうぞ．
K：ありがとうございます．
M：履歴書を拝見しますと，あなたは，ここ3年間，横浜貯蓄銀行でお仕事をされているということですね．
K：はい，その通りです．
M：なぜ，仕事を変えたいと思われたのですか．
K：(微笑む)マイルズさんも，きっと日本の銀行の仕組をよくご存知だと思いますが，若い人達に与えられる仕事は，あまりやりがいがないのです．しかも，私は有名な大学を卒業していませんので，これから先もあの銀行で昇進できる可能性は少ないと思います．ある夜，私の学生時代からの古い友達である沢田さんと一緒にビールを飲みながらお互いにいろいろと話をしたの

a beer. I told him I didn't like the job I had, and he said there were sometimes openings at the company where he was working.

M : When was this?

K : Six months ago. I went home and thought about it, and then I started doing some research into your company. I liked what I found out, so when Sawada-san called me up last month and said there was an opening in marketing, I sent my résumé in.

M : What did you see that you liked so much?

K : Your Tokyo office opened only two years ago, and you are just starting to grow. It looks to me as if there will be a lot of challenging work and a chance for me to advance according to my ability instead of according to what college I graduated from.

M : And what do you think you would bring to the job?

K : My banking experience, mostly. I know a lot about how the Japanese economy works, and how business is done in this country. And I'm a hard worker when I have something challenging to do.

M : I see. Are you familiar with our pay scale? We'd expect you to start a little lower than what you are earning at the bank now, but you would be eligible for a raise after the first six months. Full insurance, two weeks paid

ですが，その時に，私のいまの仕事がどうしても好きになれないと打ちあけましたところ，こちらの会社で，時々欠員が出るということを教えてくれました．

M：それはいつ頃のお話ですか．

K：6カ月前です．家に帰ってから，よく考えてみました．それからこちらの会社のことを調べさせていただきました．その結果は，とても私の心にかなうものでしたので先月，沢田さんが電話で，マーケッティングの方に欠員ができたと知らせてくれた時，こちらに履歴書をお送り致しました．

M：どういった点が気に入られたのですか．

K：こちらの会社の東京支店はつい2年前にできたばかりで，いまや発展の段階にありますから，きっとやりがいのある仕事が多く，またどこの大学を卒業したかということではなく，能力によって昇進の可能性があるのではないかという気がしたからです．

M：あなたのどういった点が，その仕事に役立つとお思いですか．

K：はい，銀行での経験が主だと思います．私は，日本の経済の動向がどのようになっているかをよく把握しておりますし，国内の取り引きのありかたも十分心得ております．やりがいのある仕事には，人一倍情熱をかけてやる方です．

M：わかりました．当社の給与の率はご存知ですか．初めは，あなたが現在銀行でもらっている金額より少し低くなりますが，6カ月後には，昇給されます．それから，健康保険，2週間の有給休暇があり，週休2日制となっていますが，必要に応じて残

vacation, five-day work week, but we expect you to do overtime when it's necessary.　Is that acceptable?

K : Yes, that's fine.

M : One more thing.　Would you be willing to work overseas if the office asked you to?

K : Yes, of course.

M : All right.　We'll let you know within five days.　Thank you for coming by.

K : Thank you.　I'll look forward to hearing from you.

Notes.

　marketing＝生産者から消費者へ，商品やサービスが流れていくまでの一切の商業活動を言う．また，広告宣伝，市場調査なども含む．**opening**＝(就職口の) 欠員，あき．**head**＝(団体，会社などの) 長．社長，局長，部長，課長など．**Please make yourself comfortable.**＝どうぞお楽になさって下さい．**savings bank**＝貯蓄銀行．**challenging**＝意欲をかきたてる，魅力的な．**my chances of going very far**～＝私が昇進する機会．**got to talking over a beer**＝ビールを飲みながら，話をすることになった．**over**＝～しながら，～に従事して．(例) talk over tea (お茶を飲みながら話をする)，**do research into**～＝～を調べる．**What did you see that you liked so much?**＝あなたがそれほどまで気にいられたことは何ですか．どういう点がよいと思われましたか．**advance**＝昇進する．**What do you think you would bring to the job?**＝あなたはどんな点で，その仕事に貢献できると思いますか．**work**＝動く，作用する．**eligible** [élidʒəbl]＝資格のある，適任の．

業していただくこともあります．それでもよろしいですか．

K：はい，結構です．

M：それからもう1つあります．もし会社から海外駐在の要請が出た場合，進んで行っていただけますか．

K：はい，もちろんです．

M：結構です．では，5日以内に結果をご連絡致しましょう．きょうは，どうもごくろう様でした．

K：ありがとうございました．ご連絡，お待ちしております．

N.B. 企業側として，新入社員がどんな点でプラスになるかを知りたいのは当然である．「あなたは何ができるか」，「どんな点で会社に貢献できるか」という質問には，具体的に答えられるよう心の準備が必要である．観念的な発想や抽象的な描写は避け，自信を持って自分の能力を売り込むこと．嘘はいけないが，決して謙遜してはいけない．

10 Engineer in a Computer Company

Eiko Uno is in her fourth year of electrical engineering at a large private university in Tokyo. She is being interviewed by the personnel manager of one of the world's biggest computer companies, for possible employment at their Tokyo office.

Mr. Plummer (P): Well, Ms. Uno, this is rather unusual. We don't have many Japanese women apply for jobs as engineers.

Ms. Uno (U): (*smiles*) I was the only woman in my class at college, too. I guess I'm getting used to being unusual.

P : What got you interested in engineering?

U : My father teaches engineering at a university in Kyoto, and he always encouraged me to be interested in machines and design. I loved it. All my girlfriends were playing with dolls, and I was taking electric motors apart and trying to see what made them run.

P : And what did your mother think of all this?

U : She said I should study what I was interested in, and not

10 コンピューター技術者

宇野栄子さんは，東京にある大きな私立大学で，電気技術を学ぶ4年生である．彼女は世界でも最も大きいコンピューター会社の人事部長から，その東京支社で採用試験の面接を受けている．(Mr. Plummer＝P，宇野＝U)

P：これは珍しいことで，この会社で技師を希望される日本人女性はあまりいません．

U：(微笑む) 大学の授業でも女性は私一人でしたので，珍しい存在であることには慣れてきました．

P：工学に興味を持たれるようになったきっかけは何ですか．

U：父が京都の大学で工学を教えておりまして，私が機械や設計に関心をもつよう，いつも励ましてくれました．私はそういったことがとても好きで，女友達がみな人形遊びをしている時に，私は一人電気モーターを分解して，どうして走るのか調べてみたりしていました．

P：あなたのそういった姿を見て，お母さんはどう思われましたか．

U：私は自分の好きなことを勉強すべきで，他の人が何と思おうと

worry about what people thought I should be doing. She's always been very supportive, even when I got discouraged and thought I should have studied something less unusual for a woman, like home economics or foreign languages.

P : And you think you can work along with the men in our company without any problem?

U : Oh, I think there won't be any problem. I got along very well with all the guys in my classes in college. I find that people accept me as soon as they find out I can do my job. People usually think a woman can't understand what they are talking about, or will ask for special favors. When they find out I don't, we are able to work together very well.

P : What made you pick this company?

U : Well, I want to work with computers because I think there is going to be more and more activity in that field in the next twenty years. I picked this company for two reasons. One was, I'd like to work in research and development eventually, and your company has the best R & D department in the world. The second is because Japanese companies still generally put their women employees into insignificant jobs. I don't want special favors; I just want to do my job like everyone else.

P : You're single now, but what will you do when you get

気にするべきではないと言ってくれました．私が意気消沈してもっと家庭科や外国語など，普通の女性がやるようなことを勉強しておけばよかったと考えた時でさえ，母はいつも力になってくれました．

P：では，この会社でも男性と一緒にうまく仕事をしていけると考えておられますね．

U：ええ，大丈夫だと思います．大学のクラスでも他の男性と一緒にとてもうまくやってきました．私がちゃんと自分の分担をこなしていけるということがわかっていただけると，皆さん私を受け入れてくれるようです．一般には女性は，男性が話題にするようなことは理解できないし，また特別扱いしてくれることを期待していると思われていますが，私がそういう種類の人間ではないことをわかって下さると，一緒にうまく仕事をしていけると思います．

P：なぜこの会社を選ばれたのですか．

U：私はコンピューター関係の仕事をしたいと思っております．と申しますのはこれから先20年ぐらいは，この分野の活動がますます盛んになると考えているからです．こちらの会社を選んだ理由は2つございます．私は最終的には研究開発の仕事をしたいのですが，こちらの会社は世界でも最も優秀な研究開発部を備えていらっしゃいますので，それが第1の理由です．もう1つは，たいてい日本の会社ではいまだに女性につまらない仕事をさせているようです．と申しましても私は決して特別扱いを希望しているわけではありません．ただ，他の方達と同じ仕事をしたいと願っているだけです．

P：あなたはいま独身ですが，もし結婚されて子供がほしいと思っ

married and want children?

U : I've thought about that a lot. I know a lot of women take a job, planning to make a career of it, and then they change their minds. But I think that pattern is changing gradually. I don't want all my training to be wasted. So if I do decide I want to have children, in five or six years, I will work out some way that I can continue my work, too.

P : Well, it sounds difficult, but that's your business, of course. We'll get in touch with you, one way or another, by next Monday. Thank you for coming.

U : Thank you, Mr. Plummer.

Notes.

  in her fourth year of ~ =～の4年次. electrical engineering=電気工学. possible employment=就職できる見込みのある. possible=可能性の高い，多分～できる. get used to ～=～に慣れている. I loved it.=そういったことが大好きだ. この場合の it は工学および技術的なもの一般をさしている. take ～ apart=～を分解する，ばらばらにする. supportive=後押しを惜しまない，力になってくれる. get discouraged=がっかりさせられる. I should have studied～=～を勉強しておけばよかった（現実には勉強していない），should + have + 過去分詞（～しておけばよかったのに）. less unusual=そう珍しくない. home economics=家政学，家庭科. work along with～=～とうまく仕事をしていく. there won't be any problem=問題はないと思う. guy=男性. ask for special favors=特別扱いしてくれることを望む. in the next twenty years=この先20年間. research and development=研究開発. R & D はその略. eventually=いつかは，最後は. put their women employees into insignificant jobs=女性従業員につまらない仕事をさせる. make

た時はどうされますか．

U：そのことはずい分考えました．一生続けようと何か仕事を始めても気が変ってしまう女性が多いようです．しかし少しずつ仕事の形態も変わってきていますし，私はそれまで身につけてきたものを無駄にはしたくありません．ですから，5, 6年たって子供がほしいと思いましても，何とかして仕事と両立できるよう努力します．

P：大変だとは思いますが，それはもちろん私達の口出しすることではありません．では，来週の月曜日までに何らかの方法でご連絡致しましょう．どうもごくろう様でした．

U：ありがとうございました．

---

a career of it＝それを一生の仕事とする．**change one's mind**＝気が変わる．**waste**＝無駄にする．**if I do decide ～**＝もし～を決心したら．do は強め．(例) I did want to see him. (とても彼に会いたかった)．**That's your business.** ＝それはあなた自身のことです．**business**＝干渉すべきこと，かかわり合いのあること．(例) It's none of your business. (きみの知ったことではない)．**some way**＝どうにかして．**work out**＝実施する，実行する．**one way or another**＝何らかの方法で．

N.B. その会社に就職を希望した動機は，具体的なほどよい．それも宇野さんの答えのように第1にこれ，第2にこれとはっきりと答えるべきである．前以って会社の内容を十分に調べてあれば，自ずから答えも明確になり，好感のもてる応答となる．

□ 著者

トミー植松（トミー・うえまつ）
NHK海外放送番組"Hello from Japan"にレギュラーとして出演中。元玉川大学教授（1974-95），元白鷗大学教授（1996-2002）。毎日新聞英語版"Mainichi Daily News"の記者（1952-74）として活躍。その間，力道山，マリリン・モンローなどの記者会見の通訳も務める。英語検定試験では1級の面接官を担当（1971-2000）。ラジオ番組「百万人の英語」講師（1970-90），テレビ番組ではNHKおよびフジテレビなどで「英会話」を担当。『英語で紹介するニッポン』（ジャパン・タイムズ）をはじめ70冊以上の著書がある。

トミー植松の成功する英語面接

2003年7月20日　第1刷

著　者　ト　ミ　ー　植　松
発行者　小　原　芳　明
発行所　玉川大学出版部
〒194-8640　東京都町田市玉川学園6-1-1
TEL 042-739-8935　FAX 042-739-8940
http://www.tamagawa.ac.jp/sisetu/up
振替　00180-7-26665
印刷所　三　秀　舎

NDC 837

©Tomy Uematsu 2003　Printed in Japan　乱丁本・落丁本はお取替え致します
ISBN4-472-30273-X　C2082

MEMO

MEMO

MEMO